Wolfgang Plakos

Das Geheimnis des Flow

Wolfgang Plakos

Das Geheimnis des Flow

Das Glück des Augenblicks erleben

mvg

Die Deutsche Bibliothek - CIP-Einheitsaufnahme

Plakos, Wolfgang:
Das Geheimnis des Flow : Das Glück des Augenblicks erleben / Wolfgang Plakos. - Landsberg am Lech : mvg, 2001
(mvg-Paperbacks ; 08689)
ISBN 3-478-08689-2

Konzeption und Realisation: Christine Proske
(Ariadne Buchkonzeption, München)
Redaktion: Cornelia Rüping

Umschlaggestaltung: Vierthaler & Braun, München
Satz: Fotosatz H. Buck, Kumhausen
Druck- und Bindearbeiten: Ebner Ulm
Printed in Germany 08689/801402
ISBN 3-478-08689-2

Inhalt

„Wenn Du für eine Stunde glücklich sein willst, betrinke Dich. Willst Du drei Tage glücklich sein, dann heirate. Wenn Du aber für immer glücklich sein willst, werde Gärtner.“

(Chinesisches Sprichwort)

Einleitung: ist Glück Glückssache?

Kann man glücklich leben? Sicher, meinen viele, und denken an Momente, als sie richtig *happy* waren: in der Liebe, im Urlaub, bei der Abiturfeier oder an den euphorisch gefeierten Triumph der eigenen Mannschaft. Aber was ist mit dem großen Lebensglück: Wie sieht ein erfülltes Leben aus? Machen Geld, Haus und ein Segelboot glücklich? Oder Schönheit? Sind beruflicher Erfolg und Karriere das Geheimnis? Die große Liebe? Oder existiert dieses wahre Glück für den Menschen gar nicht, wie der französische Philosoph Michel Foucault und auch andere Denker glauben: „Glück ist im Bauplan der Schöpfung nicht vorgesehen“, beschied etwa Sigmund Freud lapidar.

Auch wenn es für die meisten Menschen als das Erstrebenswerteste im Leben gilt – *pursuit of happiness,* das Streben nach Glück, ist sogar als Menschenrecht in der amerikanischen Verfassung verankert –, die Sache mit dem Glück ist offenbar schwierig. „Glücklich zu leben wünscht jedermann – aber die Grundlagen des Glücks erkennt fast niemand“, wusste Seneca. So zählte der führende deutsche Glücksforscher Alfred Bellebaum hunderte philosophischer oder wissenschaftlicher Definitionen und Konzepte von Glück. Einigkeit besteht nur darüber, dass es sich bei Glück um eine *individuelle* Angelegenheit handelt.

Ist Glück doch nur Glückssache? In den letzten Jahren haben sich Psychologen und Gesundheitsforscher auf der ganzen Welt erstmals mit den Themen Glück und subjektives Wohlbefinden beschäftigt, nachdem sie jahrzehntelang auf einem Auge blind waren. Sie hatten bis dahin fast ausnahmslos die Schattenseiten des Daseins ausgeleuchtet – Ängste oder Aggressionen, Neurosen und viele andere Pathologien der menschlichen Psyche. Die Glücksforschung, die Happyologie, weiß zwar nicht alles über das menschliche Glück, aber sie kann dem Menschen sinnvolle und verlässliche Wege weisen, wie er sein Leben schöner machen kann: gesünder und vor allem – glücklicher.

Auf der Suche nach geglückter Lebenskunst werden die Befunde der „Happyologen" eine wichtige Rolle spielen. Im Mittelpunkt steht dabei die besondere Glückserfahrung des *Flow*: das völlige Aufgehen eines Menschen in seinem Tun, das Einswerden mit sich und dem Leben. Für den weltweit führenden Flowexperten, den amerikanischen Psychologen Mihaly Csikszentmihalyi, gibt es nach jahrzehntelanger Glücksforschung mit tausenden Menschen keinen Zweifel mehr daran, dass Flow zu den größten Glückserfahrungen des Lebens zählt.

Diese Art von Glück kann prinzipiell jeder Mensch erleben: in jedem Alter und an jedem Ort, im Beruf oder in der Freizeit, völlig unabhängig von Status oder Schönheit. Geld und andere positive äußerliche Attribute sind meist angenehm, machen aber nicht glücklich. Und für den Flow sind sie ohnehin unwichtig. „Jemand, der gesund, reich, stark und mächtig ist, hat keine größeren Chancen, Flow zu erleben, als jemand, der krank, arm, schwach und unterdrückt ist", bilanziert der Flowforscher seine Erfahrungen.

Doch ist es generell unmöglich, Glück und Flow zu planen oder zu erzwingen: „Es gibt keine Garantie und kein Patentrezept, dass sich Flow einstellt", betont Csikszentmihalyi. Ebenso wenig, wie ein Coach den Erfolg seines Teams sicher inszenieren kann, lässt sich das Glück herstellen, konsumieren oder instrumentalisieren. Aber genauso, wie sportliche Topleistungen keine Zufälle sind, können Sie etwas dafür tun, dass Ihr eigenes Leben in den richtigen Fluss kommt und Hochstimmung herrscht: Glück und Flow sind keine Glückssache – jeder kann den Schlüssel für sein ganz persönliches Lebensglück selbst schmieden.

„Wie ein Bad in Honig“

(Woody Allen über das Glück, das ihm seine Klarinette schenkt.)

Flow: das Geheimnis alltäglichen Glücks?

„Ich wurde von einer Welle getragen“, beschreibt ein Tänzer begeistert ein ganz besonderes Erlebnis. „Es war, als ob ich schwebte.“ „Du fühlst dich großartig“, schildert ein Sportler seine Empfindungen in der magischen Glückssphäre. „Du befindest dich auf dem Gipfel der Welt, und niemand und nichts bringt dich da weg.“

So oder ähnlich haben tausende Menschen in den letzten 25 Jahren dem Psychologen Mihaly Csikszentmihalyi bedeutende Glückserfahrungen beschrieben. Sie haben den Flow erlebt. Worin liegt das Geheimnis dieser erfüllten, euphorischen Momente?

Flowerfahrung: die sieben Elemente des Glücks

Csikszentmihalyi lehrte Anfang der siebziger Jahre Psychologie an der Universität Chicago, als ihm bewusst wurde, dass die Wissenschaft die Frage nicht beantworten konnte, worin sich glückliche und unglückliche Menschen unterscheiden: Was bedeutet ein von wirklichem Glück erfüllter Augenblick genau? Wie wird er empfunden? Gibt es bestimmte Erlebnismuster in Situationen, in denen dieses Gefühl entsteht?

Der Professor ungarischer Herkunft befragte zuerst Bergsteiger und Maler, weil er von deren Hingabe an ihre Tätigkeit besonders fasziniert war. Er fand eine Antwort, die sich bis heute nicht wesentlich verändert hat: Das höchste Glück ist der Zustand, wenn eine Tätigkeit wie von Zauberhand geformt völlig reibungslos fließt und man so darin versunken ist, dass die Außenwelt völlig ausgeblendet wird – wer im Flow aufgeht, vergisst gewissermaßen die Zeit und wird eins mit seinem Tun.

Csikszentmihalyi definierte Flow als das „gänzliche Aufgehen in einer glatt laufenden Tätigkeit, die man trotz hoher Anforderungen unter Kontrolle hat".

Der Flow ist ein von äußeren Reizen unabhängiger Seins- und Glückszustand, genau dieser wunderbare Faustische Augenblick, in dem wir völlig in der Sache aufgehen, jedes Zeitgefühl verlieren, nur im Hier und Jetzt leben und zudem ungeahnte Leistungen erbringen können. Der Tätige wird überflutet von einer Hochstimmung und einem Glück, das ihm zeigt, wie das Leben aussehen könnte.

Wenn Denken und Tun zusammenfallen, man von der jeweiligen Tätigkeit völlig absorbiert wird und alles um sich herum vergisst, erleben Menschen Flow. „Ich lasse mich selbst los", beschrieb der frühere Formel-1-Weltmeister Ayrton Senna, wie sich bei ihm die Grenze zwischen Wahrnehmung und Sein auflöst: „Alles Denken, Denken, Denken hört auf, alles fließt ganz natürlich ineinander."

Ein Sportler erlebte Flow „wie das Atmen – ein Hauch von Magie" und ein Motorradfahrer verschmolz völlig mit seiner Handlung.

Eine Auswahl weiterer individueller Beschreibungen aus den Flowprotokollen: entrückt, wie ferngesteuert, schwerelos, schwebend, alles passt zusammen, völlige Hingabe, absolutes Wohlbehagen, in sich versunken, alles klappt. Manager beispielsweise kennen den besonderen Glückszustand auch als *the zone*, Mystiker sprechen von „Ekstase" und Künstler von der „ästhetischen Verzückung".

Csikszentmihalyi gab diesen einzigartigen, oft euphorischen Erlebnissen mit der Metapher des Flow – auf Deutsch „Fließen" oder „Strömen" – einen kategorialen, begrifflichen Rahmen. Der Tätige fließt mit seinen Handlungen wie ein Strom; im Flow sind wir das, was wir tun. Der Flow ist für Csikszentmihalyi „Glück pur", das eigentliche Geheimnis menschlicher Glückserfahrungen.

In den letzten Jahren untersuchten Csikszentmihalyi und internationale Forschergruppen die persönlichen und die situativen Bedingungen der Flowerfahrungen von tausenden verschiedenen Menschen – Arbeitern und Akademikern, Frauen und Männern, Kindern und Alten, Fabrikarbeitern und Chirurgen, Bauern und Künstlern, Schachspielern und Sportlern aller Disziplinen. Flow, so die wichtigste Erkenntnis der Untersuchung, können alle Menschen empfinden: unabhängig von ihrer Kultur und Herkunft, unabhängig von der Aufgabe oder der Situation. Ob im Beruf, in der Familie oder in der Freizeit, am Fließband oder mit dem Fallschirm, am Schachbrett oder auf dem Bauernhof – immer und überall ist Flow möglich.

Allerdings müssen einige persönliche Bedingungen erfüllt sein, damit dieses Erlebnis eintreten kann. Im Detail definierte Csikszentmihalyi sieben charakteristische Aspekte für dieses Glücksphänomen.

1. *Herausforderungen*: Wir können Flow nur erleben, wenn wir einer Aufgabe gewachsen sind. Dabei müssen wir oft an die Grenzen unseres Könnens gehen oder über uns hinauswachsen.
2. *Handeln und Bewusstsein sind eins*: Der Handlungsablauf wird als glatt erlebt, jeder Schritt geht „fließend" in den nächsten über.

3. *Klare Ziele und Rückmeldungen*: Die Anforderungen und das Handlungsfeedback werden eindeutig und interpretationsfrei erfahren. Ohne bewusst nachdenken zu müssen, weiß man immer, was zu tun ist. Sind Ziele und Rückmeldungen ungenau oder missverständlich, werden Konzentration, Denken und Fühlen abgelenkt und der Flow gewissermaßen „gebrochen".
4. *Kontrolle*: Man fühlt sich optimal beansprucht und hat auch bei hohen Anforderungen das sichere Gefühl, das Geschehen gestalten zu können.
5. *Konzentration*: Alle Gedanken, die nicht unmittelbar auf die Ausführung einer Tätigkeit gerichtet sind, werden ausgeblendet. Um in den Flow zu kommen, muss man sich sehr bewusst und ausschließlich einer Sache widmen. Beim eigentlichen Flowerleben ist dann keine willentliche Konzentration mehr nötig. Sie kommt wie die Atmung von selbst.
6. *Veränderung der Zeit*: Das Zeiterleben im Flow wandelt sich gegenüber dem im Alltag radikal – man vergisst die Zeit sprichwörtlich, Stunden vergehen wie Minuten.
7. *Selbstvergessenheit*: Man geht völlig in der Tätigkeit auf – das eigene Selbst und die Handlung verschmelzen, Reflexion und Ich-Bewusstsein spielen keine Rolle mehr.

Flow können Sie prinzipiell also nur erleben, wenn

- Ihre Konzentration und Ihre Aufmerksamkeit ungeteilt auf die Handlungssituation gerichtet sind,
- Sie ein unmittelbares, eindeutiges Feedback über Ihre Handlungen bekommen,
- Sie sich kompetent fühlen, es auch wirklich sind und Kontrolle in einer Situation ausüben,
- Ihre Fähigkeiten den Anforderungen optimal gerecht werden, Sie also weder unter- noch überfordert sind.

Übung 1: Ihr persönlicher Flow

Machen Sie sich die poetischen Beschreibungen für Flow, die zuvor genannt wurden, bewusst: schwerelos, schwebend, alles passt zusammen, völlige Hingabe, absolutes Wohlbehagen, in sich versunken und so weiter.

1. Sammeln Sie sich und schließen Sie die Augen, um nochmals völlig in eines jener Erlebnisse einzutauchen, bei dem Sie selbst im Flow waren. Beschreiben Sie Ihre Erfahrung zunächst mündlich für sich selbst, dann halten Sie sie schriftlich fest.
2. Reflektieren Sie Ihren Flow nochmals in Bezug auf alle sieben oben aufgeführten Aspekte und beschreiben Sie diese Einzelerfahrungen so genau als möglich – mündlich und schriftlich.
3. Machen Sie sich nun eine andere Glückserfahrung bewusst. Worin unterscheiden sich die jeweiligen Glücksmomente?

Im Flowkanal: Glücksweg zum höheren Bewusstsein

Was sind die Unterschiede zwischen den Menschen, die aufgeregt, nervös und hibbelig durch ihren Alltag gehen, und denjenigen, die ihre Dinge geregelt bekommen? Die einen, meint Csikszentmihalyi, verschwenden ihre psychischen Energien und nichts wird je richtig fertig. Die anderen schaffen etwas, bringen es zu Ende und schließen kleinere sowie größere Kreise ihres Lebens – wie im Flow.

Csikszentmihalyi erkannte, dass die Metapher des Flow, des „Fließens" und „Strömens", zwar der Erlebnisfülle eines solchen besonderen Glücks gerecht wird, doch dem Wissenschaftler und Psychologen war dies zu wenig. Er suchte nach einer theoretischen Erklärung für eine derartige Erfahrung, die über eine rein beschreibende Phänomenologie hinausgehen sollte und mit der er eine Psychologie des Flow begründen könnte. Auf die Frage, warum Flow so motivierend ist, konnte „weil es Glück erzeugt" keine hinreichende Antwort sein, da sie lediglich einen Erlebniszusammenhang beschreibt. Eine genauere Erklärung fand der Flowforscher, als er sich mit den bewusstseins- und entwicklungspsychologischen Zusammenhängen beschäftigte.

Vergegenwärtigen wir uns nochmals ein typisches Flowerlebnis: „Deine Energie fließt leicht", beschreibt ein Tänzer sein Glücksempfinden. „Deine Gedanken wandern nicht herum, du denkst an nichts anderes. Du bist total in deinem Tun aufgegangen, in deinem Körper hast du ein gutes Gefühl, du fühlst dich entspannt und energiegeladen."

Durch genaue Analysen solcher Aussagen erkannte der Flowforscher schließlich ein entscheidendes, übergeordnetes Muster: Flow als eines der beeindruckendsten Erlebnisse für einen Menschen ist durch einen gegenüber dem Alltagserleben radikal veränderten Bewusstseinszustand gekennzeichnet. „Beim Flow", betont Csikszentmihalyi, „herrscht *Ordnung im Bewusstsein.*" Wir erinnern uns: Die Aufmerksamkeit beim Flow muss *ungeteilt* sein, unser Bewusstsein darf durch nichts abgelenkt werden.

Und diese einzigartige Bewusstseinsgestalt erklärt die besondere Motivation, Flow zu erleben: Der Mensch ist dabei selbstbestimmt – eine „autotelische Persönlichkeit", wie es Csikszentmihalyi formuliert –, da er im Flow das kreative Handeln und das Einswerden mit der Aufgabe als sinnvoll, positiv oder belohnend erlebt. Und nicht erst dessen Folgen wie beim rein zweckrationalen Tun, in dem man, psychologisch betrachtet, außen- oder fremdbestimmt bleibt.

In der Flowforschung spielen daher die Konzepte der so genannten psychischen Entropie und Negentropie eine wesentliche Rolle: Während Entropie alle Zustände bezeichnet, in denen emotionale, körperliche sowie geistige Energien ineffizient umgesetzt oder vergeudet werden, sind sie in der Negentropie geordnet. Körper und Geist, Gedanken und Gefühle befinden sich dann in Harmonie. Wir schließen, schaffen und vollenden eine „Lebensgestalt".

Im entropischen Alltag erleben die Menschen dagegen häufig einen ungeordneten und konflikthaften, vielleicht sogar chaotischen Bewusstseinszustand. Der Angestellte etwa, der im Büro Akten bearbeiten muss, wird dies in aller Regel nicht mit ungeteilter Hingabe erledigen. Sein Bewusstsein wird mal zur Freundin schweifen, vielleicht ärgert er sich auch, dass er bei dem schönen Wetter nicht draußen sein und spazieren gehen kann, außerdem klingelt laufend das Telefon – und so weiter.

Im Flow dagegen ist das Bewusstsein völlig konfliktfrei: Es erreicht einen Zustand vollständiger Konzentration und damit das Gegenteil von psychischer, emotionaler oder gedanklicher Unordnung. Flow charakterisiert der Psychologe daher genauer als „Flusserleben eines wohl geordneten, voll funktionierenden dynamischen Bewusstseinszustands". Das geordnete Bewusstsein – oder psychische Negentropie – ist so gesehen die eigentliche innere Dimension des Flow.

Darüber hinaus erkannte Csikszentmihalyi ein entwicklungspsychologisches Phänomen: Jedes Eintauchen in einen Flow hinterlässt eine *komplexere Persönlichkeit.* „Nach jedem Flow wissen wir, dass wir uns verändert haben", stellte der Psychologe fest, „dass das Selbst gewachsen ist und wir komplexer geworden sind."

Csikszentmihalyi betont in allen seinen Arbeiten, wie sehr das *Wachstum des Selbst* als „Schlüssel jeder Flowaktivität" verstanden werden muss. Allen Flowerfahrungen sei unabhängig von den konkreten Aktivitäten und Situationen ein entscheidender Aspekt gemeinsam: Das kreative Gefühl einer „Entdeckung", das das Individuum in eine „andere

Realität versetzt", es zu höherer Leistung antreibt und zu einem „vorher ungeahnten Zustand des Bewusstseins" führt.

Die Psychologie des Flow gründet damit auf der Erkenntnis, dass Glück die Bereitschaft zu Anstrengung und Mühe voraussetzt. So steht am Anfang eines jeden Flow eigentlich immer harte Arbeit – wir müssen uns konzentrieren, meist unser ganzes Können und ein hohes Maß an psychischer, emotionaler oder körperlicher Disziplin und Kraft aufbringen. Jeder Hobbysportler weiß, dass das eigentliche Glück oder gar der Triumph nicht am Anfang einer Leibesübung steht, sondern im Verlauf geschaffen wird und an deren Ende steht.

Csikszentmihalyi erkannte dabei auch eine weitere elementare Motivation zum Flow. Wir suchen ihn, um der Langeweile oder der Angst zu entkommen. Flow kann sich wie gesagt nur entwickeln, wenn die subjektiv wahrgenommenen Anforderungen mit dem Können übereinstimmen. Wenn die situativen Ansprüche das Können überfordern, entsteht Angst – wenn sie es unterfordern, ergibt sich Langeweile. Einer der wichtigsten Lehrsätze der Flowforschung lautet daher: Flow tritt nur in dem relativ schmalen Bereich zwischen Angst und Langeweile auf.

Ein optimales Verhältnis zwischen Anforderungen und Fähigkeiten ist zwar für jedes Flowerlebnis notwendig, allerdings garantiert es den Flow nicht, da dieser sich nicht automatisch entwickelt. Der Flowkanal, darauf weist Csikszentmihalyi hin, ist identisch mit *the zone*, wie Forscher der Sport- und Organisationspsychologie den Bereich genannt haben, in dem Höchstleistungen vollbracht werden können.

Anhand der Abbildung auf der folgenden Seite kann man sich die charakteristische Flowerfahrung umfassend bewusst machen und verstehen, warum die zunehmende Komplexität des Bewusstseins eine so elementare Rolle spielt. Stellen Sie sich vor, die Grafik bezieht sich auf eine

Flowkanal

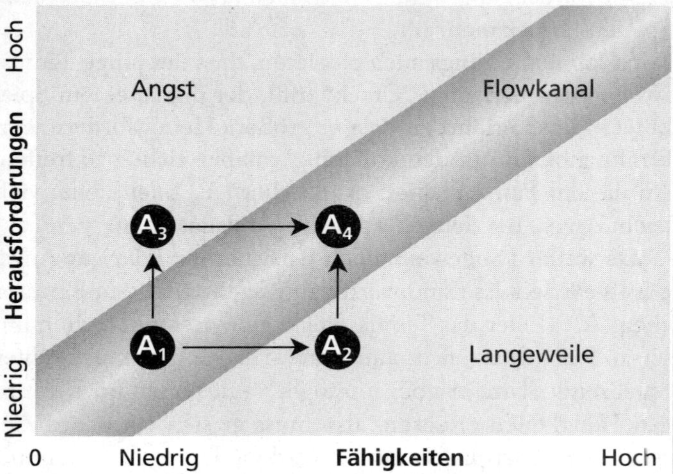

Quelle: Mihaly Csikszentmihalyi. Das Geheimnis des Glücks. Aus dem Amerik. von Annette Charpentier. © by Mihaly Csikszentmihalyi. Klett-Cotta, Stuttgart 1992.

Flow entsteht nur in einer Zone zwischen Angst und Langeweile, dem *flow channel:* Wer sich mit Anforderungen konfrontiert sieht, die sein Können überfordern, reagiert mit Angst, bei Unterforderung entsteht Langeweile.

bestimmte Aktivität, zum Beispiel das Tennisspielen. Die beiden Achsen Herausforderungen und Fähigkeiten repräsentieren die wichtigsten Erfahrungsdimensionen des Flow.

„A" steht dann für einen jungen Spieler, der gerade Tennis lernt. Am Anfang (A_1) hat er praktisch keine Fähigkeiten und seine einzige Herausforderung besteht darin, den Ball übers Netz zu spielen. Für erfahrene Spieler nicht sehr schwierig, aber der Junge hat Freude daran, weil es seinem relativ schwachen Können gerade entspricht – mit starker Konzentration, Hingabe und Begeisterung wird er mit einiger Sicherheit auch hierbei Flow erfahren. Da er im Laufe der Zeit und mit einiger Übung seine Fertigkeiten aber verbessern wird, langweilt ihn das einfache Über-das-Netz-Spielen immer mehr (A_2).

Es kann allerdings auch passieren, dass der junge Tennisspieler auf einen alten „Crack“ trifft, der ihn zu einem Spiel bittet – dabei erfährt er, dass es größere Herausforderungen für ihn gibt, als nur den Ball einigermaßen richtig zu treffen. An diesem Punkt reagiert er unsicher (A_3) oder er hat vielleicht Angst, bei dem Match schlecht dazustehen.

Da weder Langeweile noch Unsicherheit oder gar Angst positive Erlebnisse sind, wird der Junge wieder den Flow suchen (A_1) – oder das Tennisspielen ganz lassen. Doch in unserem Fall gibt er nicht auf. Das wirkliche Glück gekonnter Spielfreude kann er aber unmöglich mit seinen noch geringen Fähigkeiten erfahren, also muss er sich ein neues Ziel setzen, zum Beispiel so gut zu werden, dass er für einen nur etwas erfahreneren Gegner ein angemessener Partner wird. Spätestens dann, wenn er einen solchen Spielpartner besiegt, wäre der Junge wieder im Flow (A_4).

Der Tennisnovize wird also in ein paar Wochen vergleichbare Glücks- und Flowmomente erleben – nur ist der spätere Zustand (A_4) deutlich komplexer als der frühere (A_1). Die Anforderungen an sein Können sind gestiegen und für einige Zeit wird er wieder Freude erfahren, bis er aufgrund seiner stagnierenden Fertigkeiten ein weiteres Mal gelangweilt, ängstlich oder frustriert reagiert. Die erneute Motivation, Freude und Flow zu erleben, wird ihn dann „zurück in den Flowkanal treiben“, wie Csikszentmihalyi es formuliert – aber nun mit höherer Komplexität als zuvor (A_4).

Im Prinzip, so Csikszentmihalyi nach mehr als zwei Jahrzehnten Flowforschung, gilt diese Dynamik für alle Flowerfahrungen – ob im Beruf oder in der Freizeit, beim Sport oder Malen, in der Liebe oder bei der Musik. Wir wünschen uns immer wieder Flowerfahrungen, da es dabei auch um Lernen und innere Entwicklung geht. Die Flowspirale beziehungsweise -dynamik erklärt, warum Flowaktivitäten immer auch zu persönlichem Wachstum führen.

Flowspektrum

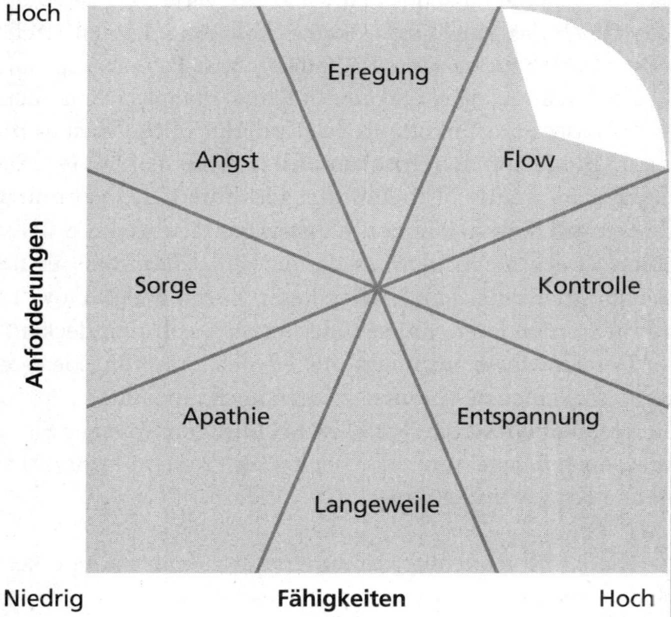

Quelle: Mihaly Csikszentmihalyi. Lebe gut! Wie Sie das Beste aus Ihrem Leben machen. Aus dem Amerik. von Michael Benthack. © by Mihaly Csikszentmihalyi. Klett-Cotta, Stuttgart 1999.

In seiner jüngsten Arbeit hat Csikszentmihalyi den Flowkanal durch ein in seinen Augen etwas differenzierteres Modell ersetzt, das Flowspektrum. Demnach tritt Flow dann auf, wenn Anforderungen und Fähigkeiten hoch entwickelt sind.

Csikszentmihalyi führt weiterhin aus, dass sich alle Flowkönner geeignete kreativitäts- und konzentrationsförderliche „Flowfelder" schaffen und seit jeher geschaffen haben – dazu zählt der persönliche Schreibtisch des Schriftstellers genauso wie der besondere Meditationsplatz des Zenmeisters.

Allerdings kommt es auch dann nicht automatisch zum Flow, wenn ein passendes Flowfeld zur Verfügung steht. Für das Glück des Flow gibt es keine Anleitung, keinen „Acht- oder Zwölf-Schritte-Flow-Leitfaden", kein Patentrezept und keine Garantie, wie Csikszentmihalyi mahnt. Denn dann wäre Flow eine unkomplizierte, oberflächliche Sache, die man „produzieren, verpacken und ausliefern" könnte. „Rezepte sind praktisch", betont der Flowforscher, „wenn man lernen will, wie man einen Kuchen backt, aber sie erfüllen ihren Zweck nicht, wenn es darum geht, Harmonie im Bewusstsein herzustellen." Wie dieser Zustand des Flow erreicht werden kann, müsse jeder für sich selbst entdecken.

Die Flowforschung legte neben den erfahrungsbezogenen, persönlichen Voraussetzungen auch eindeutige *situative* Bedingungen fest, die den Flow begünstigen. In einer Situation, einer Umgebung oder bei einem Problem fördern folgende Kriterien den Flow:

- Klare und eindeutig strukturierte Ziele müssen zu erkennen sein.
- Kontrolle ist möglich.
- Unmittelbare Rückmeldungen können erfolgen.
- Für den Handelnden erscheint etwas auf irgendeine Weise attraktiv und ihm eröffnet sich ein persönlicher Bezug.
- Es gibt keinerlei Ablenkungen von außen und es werden keine Pausen gemacht.
- Die persönlichen Fähigkeiten und die Anforderungen entsprechen sich.
- Die Anforderungen können erhöht werden.

Übung 2: Sternstunden erkennen

Versenken Sie sich nochmals in den von Ihnen in Übung 1 beschriebenen Flow – gedanklich, emotional und visuell.

1. Vergegenwärtigen Sie sich nun die *situativen* Aspekte für jeden der zuvor beschriebenen Flowfaktoren – notieren Sie sie.
2. Versuchen Sie sich eine zukünftige Situation vorzustellen – in der Arbeit, im Sport oder in der Freizeit –, in der Sie aufgehen und Flow erleben möchten. Wie müsste das Flowfeld beschaffen sein? Welche Bedingungen müssten Sie ändern?
3. Machen Sie sich wie in Übung 1 ein anderes Glückserlebnis bewusst – emotional und visuell. Worin unterscheiden sich die jeweiligen Glücksmomente?

In der Handlungsforschung wird Flow als *prozessorientiert* definiert und vom rein zielgerichteten oder nur affektiven Tun unterschieden. Während sich *zielgerichtete* Handlungen bewusst gewollt und geplant auf ein konkretes Endziel beziehen – und Affekttaten explosiv und meist völlig unbewusst geschehen –, werden *prozessorientierte* Handlungen um ihrer selbst willen ausgeführt, weil sie in sich belohnend sind.

„Der Weg ist das Ziel" bedeutet hier: von innen her, intrinsisch motiviert sein, weil das Tun selbst Freude und Glück bereitet. So können Sie sich beispielsweise fragen, wie Sie sich im Job motivieren: weil Sie damit Geld verdienen – oder weil er Ihnen Spaß macht?

Der Unterschied zwischen intrinsischer und äußerer Motivation ist wichtig: Wer sich nicht wirklich für eine Sache begeistern und sich ihr hingeben kann, für den gibt es definitiv keinen Flow. Echte Flowkönner haben gemeinsam, dass sie ihre persönlichen Leistungsgrenzen steigern und ihre psychischen wie körperlichen Ressourcen im *flow channel* entwickeln, um als Persönlichkeit zu reifen und komplexer zu werden.

Die Flowerfahrungen bringen das Leben einer autotelischen Persönlichkeit auf eine „höhere Ebene“, weil diese Menschen sich intrinsisch motivieren können. „Aus Entfremdung wird Engagement, Freude ersetzt Langeweile, Hilflosigkeit verwandelt sich in ein Gefühl von Kontrolle und die psychische Energie hilft dem Selbst, sich zu stärken, statt sich im Dienst äußerer Ziele zu verlieren“, schreibt Csikszentmihalyi.

Ein entscheidendes Flowgeheimnis liegt daher in der Kunst, sich zu fordern, ohne sich zu überfordern – und in *the zone* einzutreten, in der Angst, Langeweile und Routine nicht existieren.

In einer eher philosophischen Betrachtung interpretiert Csikszentmihalyi Flow evolutionär: Flow als Streben, über sich hinauszuwachsen, sei in der Schöpfung als evolutionäre Herausforderung vorgesehen. Wann immer die Menschen versuchten, Grenzen zu überschreiten, würden sie Teil eines Evolutionsprogramms, das die Mühen und die völlige Hingabe mit den hohen Freuden und Glücksmomenten des Flow belohne.

Im Laufe der Zeit, erklärte der Flowforscher jüngst, werde unser Erleben dem Drehbuch folgen, das Biologie und Kultur für uns geschrieben hätten: „Ein wirklich ganz erfülltes Leben werden wir nur dann führen, wenn wir fühlen, dass wir ein Teil von etwas sind, das unser Selbst an Größe und Dauer übersteigt.“ Wenn wir uns dem „evolutionären Glauben“ und der Verbundenheit allen Seins öffneten und mit ihm eins würden, wäre das Problem des Sinns gelöst, „weil die Ziele des Einzelnen mit dem universellen Flow verschmelzen“. Hierbei handelt es sich allerdings um Spekulationen und Visionen Csikszentmihalyis, die keine empirischen Grundlagen haben.

Um den Stellenwert des Flow für unser Lebensglück richtig einschätzen zu können, muss man sich bewusst machen, dass alle diese einzigartigen Glückserfahrungen letztlich immer nur „blitzartige Augenblicke intensiven Lebens“ sind, wie es der amerikanische Flowforscher selbst formuliert.

„Jeder Einzelne ist ein spezifisches Glücks-Potenzial.“
(Ludwig Marcuse)

Glück: die Happyologen und das Wohlbefinden

Paradoxerweise spielte die Frage nach dem Glück, die das Leben jedes Menschen wesentlich bestimmt, für die Psychologen lange Zeit keine Rolle. Sie beschäftigten sich stattdessen jahrzehntelang mit den dunklen Seiten des Daseins: mit Ängsten, Depressionen, Neurosen, Stress und Unglück oder dem Scheitern.

Dies hat sich in den letzten zehn Jahren grundlegend geändert. Aus dem Interesse, wie Gesundheit und subjektives Wohlbefinden zusammenhängen, entwickelte sich die Glücksforschung: die *Happyologie.* Außer dem Flowexperten Mihaly Csikszentmihalyi untersuchten renommierte Psychologen, zum Beispiel die Amerikaner Ed Diener, David Myers, Alan Parducci oder der Engländer Michael Argyle und die Deutschen Alfred Bellebaum und Philip Mayring zusammen mit vielen anderen Verhaltensforschern, wann und warum es den Menschen wirklich gut geht und sie glücklich sind.

Allgemein gültige Rezepturen und Anleitungen zum *individuellen* Glück können auch deren Forschungsergebnisse nicht liefern, allerdings hat die Glücksforschung im Laufe der Zeit klare und verlässliche Grundlagen für mehr Glück im Leben erarbeitet. „Selbstverständlich kann man das eigene Glück und das anderer steigern“, lautet daher die Bilanz des Happyologen Michael Argyle, „wenn man es nur richtig macht.“

Phänomenologie des Glücks: happy – oder zufrieden?

„Glück ist das, was Menschen darunter verstehen", sagt Alfred Bellebaum, Leiter des einzigen deutschen Instituts für Glücksforschung, angesichts hunderter unterschiedlicher wissenschaftlicher oder philosophischer Glücksdefinitionen, und zeigt damit, dass auch die Forschung keine absolute Erklärung gefunden hat. Schon in der Antike hatte der Römer Marcus Varro exakt 288 (!) verschiedene Konzepte von Glück gezählt. Sicher ist nur, dass Menschen Glück fast ausnahmslos als das Erstrebenswerteste in ihrem Leben bewerten – weltweit. „Glück", so der Happyologe David Myers, „ist die Wahrnehmung des eigenen Lebens als erfüllt, sinnvoll und angenehm." Darüber hinaus hat sich gezeigt, dass es sinnvoll ist, die individuellen Glückserfahrungen als Teil einer Erlebnisdimension zu verstehen, die die Forscher „Wohlbefinden" oder *subjective well-being* nennen.

Der Psychologe Philip Mayring ermittelte vier unterschiedliche Formen menschlichen Wohlbefindens: Neben Glück und Freude als rein *emotionalen* Aspekten des Sich-Wohlbefindens fand er die stark *kognitiven*, gedanklichen Glücksmomente der Unbeschwertheit und Zufriedenheit.

Unbeschwertheit resultiert aus der Wahrnehmung, frei von irgendwelchen Belastungen oder Stress zu sein – „Ich fühle mich happy, weil ich über nichts klagen kann." Dieses Gefühl entsteht ebenso wie Zufriedenheit auf der Grundlage kognitiver, gedanklicher Vergleiche. Dabei hat der zufriedene Mensch allerdings längere Zeitspannen im Blick, wenn er eigene „Lebenserfolge" mit denjenigen anderer Menschen vergleicht oder beim Abwägen eigener Lebensereignisse oder -ziele eine positive Bilanz zieht.

Der Begriff „Glück" (mhd. *gelücke*: Geschick, günstiger Ausgang) hat im Deutschen drei unterschiedliche Bedeutungen: Zum einen kann damit ein Glücksfall bezeichnet werden, der meist unerwartet und zufällig eintritt – etwa ein Lottogewinn oder ein vom Chef übersehener Fehler. Dieses englische *luck* oder französische *fortune* kommt immer von außen und ist völlig unbeeinflussbar; derjenige, der dieses Zufallsglück erlebt, muss nicht gleichzeitig glücklich sein.

Zum anderen beschreibt „Glück" ein sehr angenehmes, freudvolles Erlebnis von eher kurzer Dauer – es ist reines Gefühl, im Englischen *happiness*, im Französischen *bonheur* genannt. Die innere Färbung und Kraft dieser Emotion kann sehr unterschiedlich sein. Die Spannweite reicht von meditativer Versenkung bis hin zu eruptiver, orgiastischer Euphorie.

Als dritte Möglichkeit kann unter „Lebensglück" ein langfristiges, stabiles Sich-gut-und-wohl-Fühlen im Sinne von „mit seinem Leben zufrieden sein" verstanden werden. Die Menschen erfahren dieses Wohlbefinden als übergeordnete, länger oder lang andauernde Daseinsstimmung. Glück kann also sowohl das umfassende Lebensglück als auch ein kurzfristiges intensives Glücksgefühl bezeichnen.

Doch ist vor allem die Unterscheidung zwischen Glück und Zufriedenheit wichtig: Persönliche Glückserlebnisse wie Freude oder Euphorie sind etwas ganz anderes als Zufriedenheit. Zufriedenheit entsteht immer aus einem sozialen und kognitiven Vergleich, ein Glücksgefühl dagegen aus dem direkten Bezug zu einer Sache.

Csikszentmihalyi differenziert noch weiter zwischen Glück, Zufriedenheit und Flow: „Erleben wir Flow, so sind wir nicht glücklich", analysierte der Psychologe in seiner jüngsten Arbeit vermeintlich paradox. Um nämlich Glück zu empfinden, erklärt der Flowforscher, müssen wir uns auf innere Zustände konzentrieren, was die völlige Konzentration auf die Flowhandlung stört. So kann sich eine euphorische Hochstimmung beispielsweise ein Chirurg während der Operation ebenso wenig leisten wie ein Musiker, wenn er ein anspruchsvolles Stück spielt. „Erst wenn die Aufgabe durchgeführt ist, und wir auf das Geschehene zurückblicken, überwältigt uns ein Gefühl der Dankbarkeit für das herausragende Erlebnis – und wir sind im Nachhinein glücklich", so Csikszentmihalyi.

Der Vergleich von Ist- und Sollzustand bei Zufriedenheit erklärt auch, dass ein zufriedener Mensch nicht immer glücklich ist. So fand die Demoskopin Elisabeth Noelle-Neumann heraus, dass sich etwa ein Drittel der Menschen „zufrieden, aber nicht glücklich" erlebt, während sich nur knapp fünf Prozent als „glücklich, aber nicht zufrieden" beschrieben.

Dabei gilt das rauschhafte, drogengeförderte „Glück" wie auch das Zufallsglück als äußerlich, während die wirkliche Freude ein „waches Gefühl" ist, wie Glücksforscher Mayring betont, „bei dem alle Sinne geschärft und der Umwelt geöffnet" seien, dreht sich der Rausch gewissermaßen nur um sich selbst. Drogen beeinflussen zwar die „Glückszentren" des Gehirns mehr oder weniger massiv, der Rausch selbst führt aber nur zu einem sehr flüchtigen Glück, auf den ein schmerzhafter Kater folgt.

Glück und Euphorie: Eine Frage der Hormone?

Ob Flow, Schmetterlinge im Bauch oder euphorischer Triumph, ob Freude über den Schluck Bordeaux oder den Sonnenaufgang: alle großen und weniger großen Glücksmomente unseres Lebens spielen sich im Kopf ab. Genauer: Bei allen Glücksempfindungen sind hochkomplexe biochemische, hormonelle und nervöse Prozesse beteiligt, die wesentlich vom limbischen System im Gehirn verarbeitet und gesteuert werden.

Die Gehirnforscher kennen hunderte Glücksstoffe oder körpereigene „Glücksdrogen" – insbesondere die morphiumähnlichen *Endorphine* – die beim Flow oder jeder anderen Hochstimmung die Hauptrolle spielen. Man schätzt, dass es allein bei den Endorphinen über tausend Einzelstoffe gibt, bekannt sind heute etwa 200. Als Glücksboten gelten vor allem die Neurotransmitter *Serotonin* und *Dopamin*. Schokolade beispielsweise sorgt auch deswegen für gute Laune und macht viele Menschen richtig happy, weil bestimmte Kakaostoffe den Serotoninhaushalt äußerst günstig beeinflussen.

Im Labor kann man glückliche Menschen deutlich von den unglücklichen unterscheiden: Bei Depressiven etwa zeigen biochemische Analysen eindeutige Serotoninmängel, während so genannte bildgebende Verfahren im Gehirn eine eingeschränkte Aktivität des limbischen Systems dokumentieren.

Viele Forscher gehen zudem davon aus, dass unser Glück genetische Grundlagen hat. Allerdings war die intensive Suche nach dem „Glücksgen", das der amerikanische Genforscher Dean Hamer schon Mitte der neunziger Jahre postulierte, bisher erfolglos. Es spricht jedoch vieles dafür, dass individuelles Glück auch vom genetisch bedingten Temperament abhängt, da vor allem extravertierte, aktive und „gesellige" Menschen auffällig glücklicher sind als introvertierte und eher zurückgezogene Personen. Aber die Glücksforscher betonen, dass sich dies keineswegs auf unser Glückspotenzial auswirkt. Die Fähigkeit zum Glück werde nicht vererbt, sondern es liege an einem selbst und der Umwelt, welches Glück man wie stark erlebt.

Machen Geld oder Status glücklich? Nein, lautet die klare Antwort der Happyologen auf diese wohl unvermeidbare Frage zum menschlichen Glück. Alle nationalen, internationalen und kulturvergleichenden Untersuchungen zeigen, dass reiche, gebildete oder privilegierte Menschen zwar meist zufriedener sind als arme oder weniger gebildete – aber nicht glücklicher. Zudem sind sie, gemessen an den oft dramatischen materiellen Unterschieden, nur mäßig zufriedener und überraschend viele wissen nicht, was Glück bedeutet. Eine Studie mit amerikanischen (Multi-)Millionären ergab, dass sich mehr als ein Drittel von ihnen unglücklicher fühlte als der durchschnittliche US-Bürger.

Wie unabhängig das Glück von materiellen Bedingungen oder sozialem Prestige ist, dokumentieren vor allem die Daten der weltweiten „Wertstudie" von Ronald Inglehart Mitte der neunziger Jahre. An der Spitze der *world happiness charts* der 54 Länder standen Armenhäuser wie Nigeria oder Venezuela – wobei unter den europäischen Ländern das eher mittellose Irland als Glücksnummer eins noch vor den Niederlanden lag. Während die Amerikaner auf Glücksrang acht noch eher zufrieden mit sich und ihrem Schicksal sind, befinden sich die Deutschen auf Platz 33 schon im unteren Unglücksdrittel. Am Ende der Liste sind die ehemaligen Ostblockstaaten zu finden.

Die drei wichtigsten Glücksquellen für die Deutschen sind im Übrigen Kinder, Partnerschaft und Urlaub. Dass Auto fahren auf Platz sechs vor dem Beruf (13. Stelle) rangiert, ist wohl so zu verstehen, dass der Bundesbürger im Auto sehr viel glücklicher ist als im Büro.

Ähnliches wie für Geld und Sozialprestige gilt auch für ein weiteres populäres Glücksklischee: äußere Attraktivität und Schönheit. Physisch attraktive Menschen und „Schöne", so die deutlichen Befunde der Happyologen, sind nicht glücklicher als andere.

Warum diese Klischees falsch sind, erklärt die Glücksforschung mit der „Relativitätstheorie des Glücks" und dem individuellen *Set-Point*: eine genetisch mitbestimmte Größe, wie viel Glück jeder von uns körperlich und psychisch (v)ertragen kann. Damit es nicht zu viel wird mit dem positiven Glücksstress, sorgt dieser Set-Point dafür, dass unsere Glücksgefühle nach einiger Zeit wieder nachlassen und sich bei „Normal" einpendeln. So gewöhnen sich Menschen schnell an neue, außergewöhnliche Glückssituationen: Bei Lottogewinnern etwa war die Euphorie spätestens nach etwa einem halben Jahr definitiv vorbei – danach fühlten sie sich wieder so glücklich oder unglücklich wie zuvor. Das Gleiche zeigt sich auch für den Glücksfall der Geburt eines gesunden Wunschkindes: Spätestens nach einem Jahr war die elterliche Hochstimmung verflogen.

Wie relativ das Glück ist, zeigt sich in umgekehrter Richtung noch deutlicher. So belegen europäische und amerikanische Studien, dass erblindete Menschen oder Unfallopfer, die mit schwersten Verletzungen wie einer Querschnittlähmung leben müssen, wieder zu einem Lebensgefühl finden, das sie wie vorher Zufriedenheit und Glück erleben lässt. Sie fühlen sich nach der „Trauerarbeit" absolut nicht unglücklicher als Nichtbehinderte – im Gegenteil: Ein Großteil erfährt sich sogar als ausdrücklich glücklicher.

Von besonderer Bedeutung ist die Erkenntnis der Happyologen, dass wir uns selbst erlauben müssen, glücklich zu sein.

Psychotherapeuten beispielsweise wissen, wie viele Menschen sich selbst emotional sabotieren und für ihr Glück das größte Hindernis sind, weil sie unguten, oft manifest neurotischen Lebens- oder Persönlichkeitsprämissen nachhängen. „Der Neurotiker läuft meist seinen eigenen Ohrfeigen hinterher", stellte schon Alfred Adler fest.

So lernen die Teilnehmer in den *happiness workshops* des Psychologen Robert Holden den Glauben an die absolute Glücksbotschaft: *Glück ist etwas, das man sich nicht verdienen muss.* Der Oxford-Psychologe erkannte, dass die meisten Menschen unglücklich sind, weil sie sich dem Glück mit – unbewussten – Überzeugungen wie „Ich habe kein Recht auf Glück" geradezu sprichwörtlich verschließen: Wer wirklich glaubt, „Glück ist ohnehin nur kurz" oder „Glücklichsein ist egoistisch", so Holden, der findet auch nicht den Weg dorthin.

Übung 3: Glückstraining für Unglückliche

Für depressiv verstimmte und andere unglückliche Menschen hat der Happyologe Robert Holden folgende Regeln eines „Glücksprogramms" formuliert, die sich in der Praxis bewährt haben:

- Täglich mindestens 30 Minuten Zeit für körperliche Aktivität und Bewegung aufwenden: Sport ist ein idealer Stimmungsaufheller.
- Jeden Tag mit einem Lächeln beginnen: Versuchen Sie es selbst – wie ein Schauspieler: Gerade wenn Sie nichts zu lachen haben, sollten Sie einmal pro Tag so tun „als ob" und lächeln, indem Sie die Mundwinkel hinaufziehen.
  Die Emotionspsychologie erklärt die überraschende Wirkung physiologisch: Da diese Übung die Muskeln aktiviert, die beim Lachen beteiligt sind, „bahnt" sie das wirkliche Glücksgefühl „an". Wenn Sie diese Übung vor dem Spiegel ausprobieren und über sich selbst lachen können, haben Sie es geschafft.
- Frei zugängliche Stellen im Haushalt wie Badezimmer, Wohnzimmer- oder Küchenschrank und Ähnliches mit farbigen Punkten markieren: Sie erinnern Unglückliche im Alltag daran, wieder bewusst eine positive Einstellung zu finden.
- Schlafen: Die Weisheit „Ein guter Schlaf bis zum Morgen vertreibt Kummer und Sorgen" ist wissenschaftlich bewiesen. Ebenso wie glückliche und zufriedene Menschen praktisch immer gut schlafen, geht es den in den meisten Fällen schlafgestörten Unglücklichen wieder besser, wenn sie ungestörte nächtliche Erquickung erfahren (vgl. Seite 79 ff.).
- Hobby: Jeder Mensch interessiert sich für irgendetwas, das ihm Freude und Spaß macht – wer dies (wieder) bewusst kultiviert, ist auf dem Glücksweg.

Der glückliche Mensch: reine Lebensfreude

Gibt es den glücklichen Menschen? Ja, die Happyologen beschreiben ihn im Wesentlichen als einen „ichstarken" Optimisten mit positivem Selbstbild und Selbstwert, der viele Dinge im Griff hat und „kontrolliert", an den Sinn des Lebens glaubt und der auch nicht annäherungsweise ahnt, was Zynismus wirklich bedeutet. Menschen, die sich selbst mögen, erkannte Glücksforscher Robert Holden, „haben mehr Glück in der Liebe, bekommen leichter eine Wohnung und werden häufiger eingeladen".

Dabei scheinen die Glücklichen ihr Leben vor allem an den beiden Maximen zu orientieren, den *Augenblick* wertzuschätzen und *Beziehungen* höchste Bedeutung beizumessen.

Glückliche Menschen können sich mit allen Stärken und Schwächen akzeptieren: Sie respektieren sich – und die anderen. Tatsächlich ist das absolut stärkste Maß in der Glücksforschung die Beziehungsstärke: Je zufriedener die Menschen ihre Ehe, Partnerschaft und Freundschaften erleben, desto zufriedener und glücklicher sind sie mit ihrem Leben.

Objektiv gesehen hält dieses zwischenmenschliche Glück auch gesund. „Liebe" und Freundschaften gelten beispielsweise in der weltweiten Herzmedizin als der mit Abstand stärkste *Schutzfaktor* – wichtiger als Nichtrauchen, körperliche Aktivität, gesunde Ernährung oder Normalgewicht. Konstruktive Beziehungen bewerten viele Verhaltensforscher auch als das wichtigste Therapeutikum gegen die epidemisch zunehmenden Zivilisationskrankheiten und Glückskiller Depression, Stress und Angststörungen.

Die Befunde der Happyologen zeigen auch, dass die meisten glücklichen Menschen nicht ständig das große Glück erleben, sondern ihren Glückspegel insgesamt hoch halten: Sie verstehen es, sich im Alltag die richtigen kleinen oder auch größeren Glücksmomente zu verschaffen – durch angemessene Auszeiten und kleine Genüsse.

Glückliche und zufriedene Menschen haben sich das Gespür für die kleinen Freuden im Leben erhalten – die Freude am Sonnenschein nach dem Regen, an dem frischen Kaffe, einem Essen mit Freunden, dem Lächeln der Geliebten. „Auf lange Sicht werden sie durch die Summe dieser kleinen Glücksmomente glücklicher als durch einzelne große Ereignisse“, fasst der Happyologe David Lykken die Erkenntnisse zusammen.

Carpe diem – das Dasein im Hier und Jetzt – ist also ein entscheidendes Charakteristikum lebenszufriedener und glücklicher Menschen. Im Gegensatz zu den Unglücklichen leben sie nicht im Gestern und beschäftigen sich auch nicht mit diffusen Glücksversprechen oder Verheißungen des unsicheren Morgen.

Sie sind realistisch: „Glück bedeutet nicht, das zu kriegen, was wir wollen, sondern das zu wollen, was wir kriegen“, bilanziert der Psychologe Heiko Ernst diese Haltung.

Wer ständig in der Erwartung des großen und ganz großen Glücks lebt, wird in den meisten Fällen enttäuscht. Glückliche aber wissen, dass Glück aus der gelungenen Balance zwischen Ansprüchen und Möglichkeiten resultiert – einer Balance, die im Hier und Jetzt realisiert werden muss. Wer auf zukünftige Ziele fixiert ist oder über verpasste Chancen nachdenkt, verliert diese Glücksbedingung. Lebenskünstler können es im Übrigen schon bewusst als Glück erleben, wenn sie nicht unglücklich sind.

Glückliche sehen sich als die Meister ihres Lebens: Zu den wirklich glücklichen Momenten haben sie selbst entscheidend beigetragen – zufälliges Glück ist für sie launenhaft, unverdient und ohnehin kurz und flüchtig. Sie setzen sich daher realistische Ziele, die erreichbar sind – und ihnen Flow verschaffen können. Sie verfolgen aber keine illusionären, oft aberwitzigen Glücksvorgaben wie Millionär in einem Jahr, den Traumjob im nächsten Quartal oder die Traumfigur in drei Wochen, denen sie alles andere unterordnen, um dann bitter enttäuscht und unglücklich auf der Strecke zu bleiben.

Die wohl wichtigste Erkenntnis der Happyologen: Glückliche Menschen sind deswegen mit ihrem Leben zufrieden, weil sie nie versuchen, das Glück zu erzwingen – die größte Sünde wider Lebensfreude und Wohlbefinden.

Die Glücklichen reagieren eher gelassen und können verzichten, während andere sich dem Glück entweder verschließen oder den großen und ultimativen Event- und Glückskicks hinterherlaufen.

Flowseminar: Anleitungen zum Glücklichsein

Man kann Flow ebenso wenig wie andere Glückserlebnisse erzwingen oder willentlich herbeiführen, darüber sind sich die Flow- und Glücksforscher einig. Allerdings entfalten sich Glück und Flow – mit Ausnahme des Zufallsglücks und des Rauschs – immer nur auf Grundlage bestimmter persönlicher und situativer Bedingungen, die Sie selbst beeinflussen können. So wissen Happyologen und Csikszentmihalyi, dass Glück ohne Konzentration und geöffnete, wache Sinne ebenso unmöglich ist wie unter Dauerstress – einem mächtigen Glückskiller.

Im Folgenden erfahren Sie, wie Sie sich die flowfördernden Grundlagen Schritt für Schritt aneignen können: Konzentration, Stressmanagement, intelligenter Umgang mit Gefühlen, Intuitionen und Sinn für Humor sind gewissermaßen die Basis, von der aus Sie zu den Sternstunden des Glücks und des Flow abheben können – wenn diese Faktoren nicht schon an sich das Glück bringen.

Konzentration: das Glück des Augenblicks erleben

Flow ist für Csikszentmihalyi und andere Flowforscher nur ein anderer Begriff für reinste Konzentration und Hingabe: Sie betonen nachdrücklich, dass Flow ohne psychische Arbeit, Konzentration und Anstrengung undenkbar ist. Praktisch bedeutet dies: Nur wenn wir uns wirklich konzentrieren können, wird Flow für uns erreichbar. Unabhängig davon, welche Fähigkeiten man hat, muss sich jeder konzentrieren, um das richtig zu tun, was er kann. „Ich genieße das Leben doppelt so stark wie andere“, beschreibt der französische Philosoph Michel de Montaigne sein großes Glückskonzept, „denn das Maß der Freude hängt davon ab, wie viel Aufmerksamkeit wir ihm schenken.“

„Konzentration ist Klugheit“, sagt ein Sprichwort – und der Volksmund meint damit offensichtlich eine flow- und glücksnahe Lebensklugheit. Wenn sich beispielsweise Sportler wie Hochspringer, Skiläufer oder Gewichtheber hochkonzentriert vorbereiten oder Artisten, Musiker, Dirigenten, Schach- oder Schauspieler in ihrem Tun aufzugehen scheinen, wirkt dies auch noch auf dem Bildschirm faszinierend und mitreißend.

Ähnliches gilt für miteinander beschäftigte Liebespaare, spielende Kinder auf der Straße, ins Gespräch vertiefte Rentner auf der Parkbank oder den geschickten Schuhmachermeister nebenan, dem man durch das Schaufenster über die Schulter blickt – sie alle sind mehr oder weniger hochkonzentriert bei der Sache. Ob sie nun unmittelbar Leistung bringen oder sich dem Spiel und der Muße hingeben, sie sind mitten im Leben – oder im Flow.

Vielen Menschen fällt es jedoch schwer, sich zu konzentrieren – ob „Hypies“, die hyperaktiven Kinder, oder „Multitask-Junkies“. Letztere sind jene Zeitgenossen, die vieles gleichzeitig machen, aber davon nichts richtig: etwa Auto fahren, dabei Radio hören und mit dem Handy telefonieren – oder zu Hause am PC arbeiten und währenddessen E-Mails schreiben, einen Blick auf den Fernsehbildschirm werfen und Pizza essen. In der Informationsgesellschaft müssen wir zwar lernen, mit Vielfalt und Komplexität umzugehen, doch das Multitasking – wie der Computer mehrere Dinge parallel auszuführen – schadet der Konzentration und dem Denkvermögen.

Natürlich können wir etwas konzentriert tun und beispielsweise beim Autofahren gleichzeitig im Hintergrund etwas anderes gewissermaßen mit gleitender Aufmerksamkeit verfolgen, meint der deutsche Hirnforscher Ernst Pöppel. „Es ist aber unmöglich, dies mit gleicher Konzentration zu erledigen, wie es beim Multitasking unterstellt wird.“ Zwar kann man sich mit einem Multitaskingstil des inneren „Mental-Zappings“ daran gewöhnen, in Form kurzer, unzusammenhängender Sequenzen oder Clips wahrzunehmen, doch sieht die weltweit anerkannte Hirnforschung darin nichts Positives, „weil es tatsächlich einen schizoiden, unzusammenhängenden Denkstil fördert“. Das Bewusstsein kann die jeweiligen Inhalte nicht mehr sinnvoll aufnehmen oder verarbeiten, die Informationsflut rauscht also gewissermaßen an einem Menschen vorbei.

„Wegen der Fülle und Vielfalt der Angebote werden viele Eindrücke und Informationen nur noch konfettiartig nebeneinander aufgenommen“, berichtet Freizeitforscher Horst Opaschowski. Für die „Konfetti-Generation“ bleiben die Eindrücke bruchstückhaft und oberflächlich, der „zappende Konsument kommt nicht zur Ruhe: Innere Unruhe weitet sich zum Dauerstress aus“. Hinter der oft coolen Fassade vieler Zeitgenossen steht daher ein oberflächliches, leeres Selbst, unkonzentriert und abgelenkt, zerrissen und zerstreut. So haben viele Menschen keinen Zugang mehr zur Mitte ihrer Persönlichkeit. Mit derart „betäubten Sinnen“, so der Sozialwissenschaftler Wolfgang Thielke, seien auch nur „lähmende Erfahrungen“ möglich – eine schlechte Grundlage für Glück und Flow.

Immer spontan, hyperaktiv und zerstreut: Kann ein solches Leben glücklich machen? Die Forscher verneinen dies und sehen schwer wiegende Konsequenzen für die betroffenen Kinder und Jugendlichen der Generation @ voraus. So sprechen Psychologen und Mediziner schon von einer neuartigen Volkskrankheit: der Aufmerksamkeits-Defizit-Störung (ADS), von der mindestens zehn Prozent der Kinder und Erwachsenen betroffen sind.

Diese Verhaltensweisen stehen unserem beruflichen Erfolg ebenso im Wege wie unserem „Lebensglück“:

Konzentrationsschwächen sind ein Glückskiller und verhindern jeden Flow. Denken Sie selbst einmal darüber nach, wie Sie einige Fragen, die in der ADS-Forschung eine wichtige Rolle spielen, beantworten würden: Schieben Sie alles auf die lange Bank? Oder stürzen Sie sich in mehrere Projekte gleichzeitig, ohne sie zu Ende zu bringen? Sind Sie schnell gelangweilt? Fällt es Ihnen schwer, sich an vorgegebene Abläufe oder Anweisungen zu halten? Fühlen Sie sich schnell missverstanden oder reagieren Sie häufig ungeduldig und fahren zu schnell aus der Haut? Sind Sie stimmungslabil? Fühlen Sie sich oft ruhelos und wissen nicht wohin mit Ihrer Energie?

Doch was genau ist Konzentration? Lange Zeit galt das Sich-Konzentrieren-Können als eine Fähigkeit, die wie Schreibmaschine schreiben oder Rad fahren mechanisch zu erlernen ist. In den sechziger Jahren wurde Konzentration noch definiert als „zuchtvolle Organisation und Ausrichtung der Aufmerksamkeit des Ich“. Die moderne Psychologie hingegen bewertet den „zuchtvollen Willen“ nicht als Grundlage der Konzentration – vielmehr sind es *Interesse* und *Hingabe.* Diese Fähigkeit wird auch nicht mehr isoliert betrachtet, sondern sie ist im Sinne einer innerlich konzentrierten und aufmerksamen Lebenshaltung zu entwickeln.

So ist es beim Multitasking, das von außen ein konzentriertes Verhalten zu sein scheint, schon physiologisch unmöglich, dass eine aufmerksame, innere Beteiligung zugrunde liegt. Sowohl unser Bewusstsein als auch unser Gefühlszentrum benötigen nämlich sehr viel längere Zeitfenster als im Multitasking möglich.

Für den hektischen Alltag bedeutet dies: Wer beispielsweise während des Abendessens gleichzeitig fernsieht, vielleicht noch mit halbem Ohr dem Radio im Wohnzimmer lauscht, mit den Kindern spricht und der Frau zuhört, zudem einen Blick in die Tageszeitung wirft und an noch zu führende Telefongespräche denkt, kann weder richtig kommunizieren noch Genuss, Freude oder Glück erfahren.

Konzentration als Lebenshaltung einer inneren, glücksoffenen Wachheit kann als Kunst verstanden werden, mit sich befreundet zu sein. Um hierin ein Meister zu werden, muss man sich gewisse Grundlagen aneignen – als die wichtigsten gelten: Sinnesschulung, Mentaltraining und Achtsamkeit.

1. Bei der *Sinnesschulung* geht es darum, die oft nur mechanisch funktionierenden, abgestumpften Sinne zu schärfen, „um bewusster wahrzunehmen, bewusster zu empfinden, bewusster zu denken, bewusster zu leben“, wie es Konzentrationsexperte Ernst Ott formuliert. Wann haben Sie das letzte Mal bewusst gesehen oder gehört, gerochen, getastet und geschmeckt? Wie viele Sinnesoptionen haben Sie? Schmeckt das Essen nur gut oder schlecht? Hören Sie lediglich in den Dimensionen laut und leise – und so weiter. Wann sind Sie zuletzt konzentriert auf eine Fantasiereise gegangen?
2. Die im *Mentaltraining* geförderte „Hyperkonzentration“ spielt seit Jahrzehnten vor allem in der Raumfahrt eine wichtige Rolle. In den letzten Jahren haben sich konzentrative mentale Übungen aber auch in der Medizin und besonders im Sport verbreitet, wie man seit Boris Beckers einschlägigen „Mentaldiskursen“ der neunziger Jahre weiß. So haben etwa Segler und Skiläufer ihre

Rennstrecke schon längst vor dem Startschuss im Geiste bewältigt ebenso wie Schützen, Turmspringer oder Tennisspieler ihre Aufgaben, bevor sie tatsächlich schießen, springen oder den Ball spielen. Sprintweltmeister und Olympiasieger Linford Christie zum Beispiel sah in der Vorbereitung ausdrücklich „jeden einzelnen Schritt", den er im Rennen machen würde, und Golfstar Jack Nicklaus sagt: „Ich spiele den Putt erst, wenn ich vor meinem geistigen Auge sehen kann, wie der Ball ins Loch fällt." Tatsächlich sind derartige Konzentrationsübungen nicht nur für den Erfolg wichtig – sie begünstigen vor allem auch den Flow, wie die Sportpsychologin Susan Jackson betont: „Sobald man im Kopf nicht bei der Sache ist, gerät der Körper aus dem Rhythmus oder Flow."

Um sich zum Zentrum des Handelns zu machen – die Grundlage eines jeden Flow –, rät sie zu intensiver mentaler Vorbereitung. Die erworbenen Grundlagen und positiven Wirkungen des Mentaltrainings reichen in alle Lebensbereiche hinein. In der Psychologie bedeutet Mentaltraining das systematische und intensive geistige Durchspielen einer Handlung, bevor diese ausgeführt wird. Die Wirksamkeit dieses Trainings wird auf den so genannten *Carpenter-Effekt* zurückgeführt: schon die konzentrierte Vorstellung einer körperlichen Bewegung, das „Visualisieren", ruft muskuläre oder nervliche Impulse im Körper hervor.

Dieser Effekt spielt beispielsweise auch im autogenen Training eine große Rolle, bei dem die Vorstellung, einen „schweren Arm" zu haben, zu einer entspannten, „schweren" Armmuskulatur führt. Die körperlichen Veränderungen – erhöhte Hauttemperatur, veränderte Pulsfrequenz oder Muskelentspannung –, die allein durch die Vorstellung einer Handlung ausgelöst werden, können gemessen und damit nachgewiesen werden.

Mentales Training ist in der psychologischen Alltagspraxis meist Teil einer übergeordneten psychologischen Vorbereitung, die der vorbeugenden, flowförderlichen Stressreduzierung – oder „Stressimpfung“ – in Bezug auf sämtliche möglichen Leistungssituationen dient. Der Psychologe Donald Meichenbaum unterscheidet dabei vier Phasen:

- Kognitive Vorbereitung auf die zu erwartenden Stressmechanismen (beim Sport: mögliche Ablenkung durch Zuschauer, Gegner, Flutlicht, Lärm und so weiter),
- Konfrontation und Einübung mit dem Stressor (im Büro: „Das Telefon lenkt mich nicht ab“ oder „Der provozierende Kollege lässt mich völlig kalt“),
- Überwindung des Abgelenktwerdens („Ich konzentriere mich aktiv auf meine Arbeit“) sowie
- verstärkende Selbstformulierungen („Meine Arbeitstechnik funktioniert perfekt“).

Diese mentale Vorbereitung führt in aller Regel zu einer Art Hyperkonzentration – man erreicht einen sehr hohen Grad an Konzentration. „Viele beschreiben dieses Gefühl von Hyperkonzentration als Zustand in einer Glaskugel, die von allem anderen abschirmt“, berichtet Sportpsychologe Willi Railo.
Da alle Arten von mentalem Training und mentaler Vorbereitung einen entspannten Zustand voraussetzen, werden sie ausnahmslos in Verbindung mit Entspannungsverfahren wie dem autogenem Training, Atemübungen, progressiver Relaxation (Muskelentspannung), Yoga und so weiter eingeübt und durchgeführt.

3. *Achtsamkeit* als „östliche“ Form der Konzentration ist so bedeutsam, weil sie in einem sehr viel umfassenderen Sinn als die „westliche“ Konzentration dem klassischen Glücksideal des „Verweile doch, oh Augenblick, du bist

so schön" entspricht: Achtsamkeit führt zur Lebenshaltung einer heiteren, gelassenen und freundlich-friedlichen Gestimmtheit. Das Jetzt als Glücksmoment ist so wichtig, weil es „die einzige Möglichkeit für uns ist, wirklich heil und gesund zu werden", wie der Verhaltensmediziner Jon Kabat-Zinn betont. Die folgende Übung bringt Ihnen die Kunst der Achtsamkeit näher.

Übung 4: Pfad der Achtsamkeit

- *Nicht-Beurteilen:* Machen Sie sich bewusst, ob Sie fortwährend damit beschäftigt sind, auf innere und äußere Erfahrungen zu reagieren oder sie zu beurteilen. Lernen Sie, diese Dinge mit Abstand zu betrachten.
- *Akzeptanz:* Lernen Sie, jeden Augenblick als absolut vollwertig zu betrachten. Vollziehen Sie keine verstandesmäßigen Wertungen, sondern nehmen Sie die Erfahrungen so an, wie sie kommen.
- *Geduld:* Erfahren Sie, dass die einzelnen Augenblicke unseres Lebens nicht mit rastlosem Tun und Denken gefüllt werden müssen, damit sie Bedeutung erlangen. Geduldig sein bedeutet zu wissen, dass alles seine eigene Zeit hat.
- *Geist des Anfängers:* Versuchen Sie, eine innere Einstellung der Offenheit zu entwickeln, um zu erleben, dass kein Augenblick dem anderen gleicht, sondern jeder einzigartig ist und besondere Möglichkeiten in sich birgt.
- *Vertrauen:* Je mehr Vertrauen Sie in das eigene innere, grundlegende Ganzsein entwickeln, desto besser können Sie es auch in Ihren Mitmenschen sehen und anerkennen.
- *Loslassen:* Die Gewohnheit, sich an etwas zu klammern und andere abzulehnen, wird in der Kunst der Achtsamkeit als unbrauchbar erkannt und abgelegt. Lassen Sie stattdessen jede Erfahrung so zu, wie sie ist – und üben Sie sich darin, einfach nur zu beobachten ohne zu bewerten.

Beim Erlernen dieser Achtsamkeitsübung werden meditative Praktiken angewendet. Lassen Sie sich auf den „Pfad der Achtsamkeit" ein und Sie werden auch im Alltag davon profitieren. Versuchen Sie sich zu entspannen und die Bedeutung der einzelnen Schritte zu erspüren. Als hilfreich hat es sich erwiesen, wenn Sie dabei auf Ihre Atmung achten, denn „das Atmen ist etwas äußerst Beruhigendes", erklärt Kabat-Zinn. „Sich auch nur für kurze Zeit darauf zu konzentrieren, erinnert uns daran, dass unterhalb der aufgepeitschten Oberfläche unserer Gedanken und Gefühle tiefe Ruhe und Frieden herrschen." Versuchen Sie einige Minuten lang ruhig und bewusst ein- und auszuatmen.

Für die alltägliche Praxis der Achtsamkeit empfiehlt der Buddhist Thich Nhat Hanh folgende kleine Atemübung.

Übung 5: Beim Ausatmen lächle ich

Sammeln Sie sich und sagen Sie sich die folgenden vier Zeilen im Geiste vor, während Sie bewusst ein- und ausatmen:
Beim Einatmen schenke ich meinem Körper Ruhe –,
beim Ausatmen lächle ich –,
ich verweile im gegenwärtigen Moment –,
und weiß, es ist ein wunderbarer Moment.
Auch wenn es Ihnen ungewohnt erscheint: Probieren Sie diese Übung einfach aus – Ihrem Glück zuliebe.

Auch Erich Fromm wusste, wie wichtig die achtsame „Kunst der Konzentration" für unser Leben im Hier und Jetzt sowie für unsere Glücksfähigkeit ist. Der Sozialpsychologe und Philosoph bezeichnet das „Allein-Sein-Können" als wichtigsten ersten Schritt, um der Konzentrationsunfähigkeit entgegenzuwirken – ohne zu lesen, Radio zu hören, zu rauchen oder zu trinken, da die Fähigkeit, sich konzentrieren zu können, dasselbe bedeute, wie mit sich allein sein zu können. Fromm machte in seinem berühmten Buch „Die Kunst des Liebens“ deutlich, dass nur derjenige Liebes- und Glücksfähigkeit entwickeln kann, der zu Geduld und Konzentration fähig ist.

Übung 6: So tun, als ob

Wenn alle Versuche, sich zu konzentrieren, wenig bringen, empfiehlt der Konzentrationspsychologe Tom Wujec, einfach so zu tun, als ob: „Stellen Sie sich vor, Sie seien in Ihre Arbeit völlig vertieft. Fragen Sie sich, welche Haltung Ihr Körper einnehmen würde, wenn Ihr Geist konzentriert wäre. Wie würde es sich anfühlen, interessiert zu sein? Worüber würden Sie nachdenken, wenn Sie Ihre Aufmerksamkeit gezielt und sparsam einsetzten?“
Wenn Sie diese Übung durchführen, verspricht der Psychologe, „wird sich die Konzentration von selbst einstellen“.

Stressmanagement: Kampf gegen den Glückskiller

Stress hat viele Formen: Ob Arbeits-, Erziehungs-, Freizeitstress oder Zeitdruck – dies alles geht auf Dauer an die Substanz und beeinträchtigt sowohl die Leistungsfähigkeit als auch unsere Lebensfreude.

Laut der Weltgesundheitsorganisation WHO hat sich Arbeitsstress in den Industriestaaten während der letzten Jahre zu einer „Jahrhundert-Epidemie“ entwickelt: Experten gehen davon aus, dass Dauerstress zwei Drittel aller Krankheiten verursacht. Er schwächt das Immunsystem und führt zu Niedergeschlagenheit, Schlafstörungen, Bluthochdruck, Muskelverspannungen, Allergien, im schlimmsten Fall drohen Infarkt, Burnout oder Depressionen.

Sein Glück findet man allerdings nicht in der Leistungsverweigerung oder „inneren Kündigung“: Diese Schonhaltungen bieten keine Alternative zu Stress und Überlastung, da sie auf Dauer zu einer psychischen wie körperlichen Unterforderung führen, was sich wiederum negativ auf Gesundheit und Glücksempfinden auswirkt. Die moderne Stressforschung hat herausgefunden, dass es darauf ankommt, das stresslösende, gesunde Maß an Anspannung und Erholung zu finden, da nur eine ausgewogene Mischung von Aktivität und Entspannung das Räderwerk aller Lebensfunktionen in Gang hält.

So benötigt der Mensch zu seinem Wohlbefinden auch Stress – allerdings in Form sinnvoller Aufgaben, Herausforderungen und Ziele. Stressforscher nennen diese positive und vitalisierende Form *Eustress*, der im Gegensatz zum auslaugenden, krank machenden *Disstress* steht. Eustress ist verbunden mit wohligen Gefühlen von Zufriedenheit oder Glück, weil man ihm mit Engagement, Hingabe, Interesse oder Leidenschaft begegnet.

Vereinfachtes Stressschema

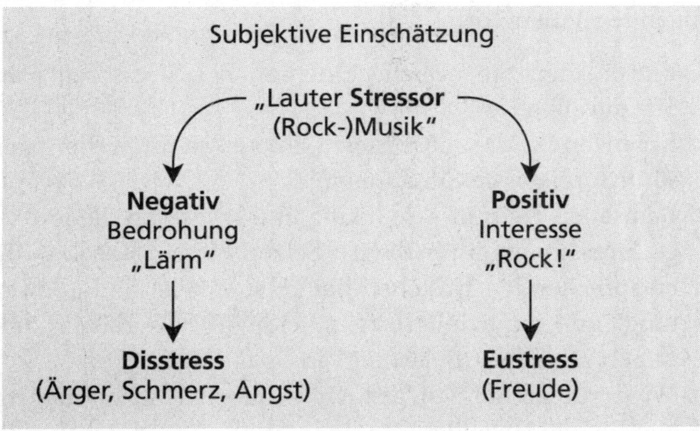

Subjektive Bewertung des Stressors „Rockmusik"

Daher ist auch Flow eine Form von Stress – Eustress. Jedes Glück, ob Verliebtsein, eine Hochzeit, die Geburt eines Kindes oder ein Lottogewinn, bedeutet ebenfalls Eustress.

Stress ist also nicht gleich Stress, sondern wird immer subjektiv erfahren. Es hängt davon ab, wie wir die jeweiligen Stress auslösenden Faktoren, die *Stressoren*, wahrnehmen und beurteilen – ob wir in bestimmten Situationen, bei Problemen oder Herausforderungen mit Eustress oder Disstress reagieren.

So erleben manche Menschen beispielsweise die 120-Dezibel-Musik bei einem Rockkonzert als anregende und lustvolle Angelegenheit, während dieser „Lärm" bei anderen nur Gefühle wie Ärger, Schmerz und Schrecken hervorruft (s. Abbildung S. 49).

Test 1: Ihr Stressprofil

Der folgende empirisch bewährte qualitative Stresstest wurde von der Psychologin Angelika Wagner-Link entwickelt. Mit ihm können Sie sich einen individuellen Überblick über Ihr alltägliches Stresspotenzial verschaffen. Gehen Sie dabei folgendermaßen vor:

1. Entscheiden Sie, welche Situationen („Stressoren") auf Sie zutreffen.
2. Ergänzen Sie die aufgelisteten Stressoren um weitere persönlich relevante Situationen.
3. Beurteilen Sie nun, wie häufig und belastend die jeweilige Stresssituation für Sie ist: Setzen Sie ein Kreuz in die entsprechenden Kästchen bei „Häufigkeit" und „Bewertung" und multiziplieren Sie beide Werte – das Produkt notieren Sie bei „Belastung" in Spalte 1.
4. Wiederholen Sie den Test nach einigen Wochen und tragen Sie die jeweiligen Werte in Spalte 2 und 3 unter Belastung ein.

Stressoren	Häufigkeit				X Bewertung				= Belastung		
	Nie	Manch-mal	Häufig	Sehr oft	Nicht störend	Kaum störend	Ziemlich störend	Stark störend	Produkt		
	0	1	2	3	0	1	2	3	1	2	3
Termindruck											
Zeitnot, Hetze											
Dienstreisen											
Ungenaue Anweisungen und Vorgaben											
Verantwortung											
Aufstiegswett-bewerb/Kon-kurrenzkampf											
Konflikte mit Kollegen											

Stressoren	Häufigkeit				X Bewertung				= Belastung		
	Nie	Manchmal	Häufig	Sehr oft	Nicht störend	Kaum störend	Ziemlich störend	Stark störend	Produkt		
	0	1	2	3	0	1	2	3	1	2	3
Konflikte mit Mitarbeitern											
Ärger mit Chef											
Ärger mit Kunden											
Ungerechtfertigte Kritik an mir											
Dauerndes Telefonklingeln											
Informationsüberflutung											

Neuer Verantwortungsbereich												
Umweltverschmutzung												
Lärm												
Anruf von Vorgesetzten												
Autofahrt in der Stoßzeit												
Schulschwierigkeiten der Kinder												
Streiterei												
Ärger mit Verwandtschaft												

Stressoren	Häufigkeit				X Bewertung				= Belastung		
	Nie	Manchmal	Häufig	Sehr oft	Nicht störend	Kaum störend	Ziemlich störend	Stark störend	Produkt		
	0	1	2	3	0	1	2	3	1	2	3
Krankheitsfall in der Familie											
Hausarbeit											
Rauchen											
Alkoholgenuss											
Übermäßige Kalorienzufuhr											
Bewegungsmangel											
Schwierigkeiten bei Kontaktaufnahme											

Unerfreuliche Nachrichten											
Hohe laufende Ausgaben											
Konflikte mit Kindern											
Zu wenig Schlaf											
Menschenansammlungen											
Trennung vom (Ehe-) Partner/von der Familie											
Konflikte in der Partnerschaft											

Stressoren	**Häufigkeit**				**X** **Bewertung**				**=** **Belastung**		
	Nie	Manch-mal	Häufig	Sehr oft	Nicht störend	Kaum störend	Ziemlich störend	Stark störend	Produkt		
	0	1	2	3	0	1	2	3	1	2	3
Einkaufen in der Stoßzeit											
Behörden-besuche											
Misserfolge											
Ärztliche Un-tersuchungen											
Sorgen											
Unzufrieden-heit mit dem Aussehen											
Eigene Beispiele											

Auflösung

Da der Test dazu dient, dass Sie über Stress nachdenken und sich stressige Situationen bewusster machen können, gibt es keine absoluten Werte.

Die Psychologin Angelika Wagner-Link rät aber prinzipiell, dass bei Stresswerten über 40 regelmäßig Entspannungsübungen durchgeführt werden sollten.

(Test aus: Wagner-Link, Angelika, Broschüre *Der Stress*, herausgegeben von der Techniker Krankenkasse 1994.)

Dabei ist das Stresserleben selbst absolut natürlich: Als angeborenes körperliches Verlaufsmuster macht die Stressreaktion den Organismus durch vielfältige hormonelle und nervöse Prozesse bei Gefahr schnell handlungsfähig. Stress ist daher keine Erfindung der Neuzeit, wie viele meinen – im Gegenteil: Jeder Tiger unter der afrikanischen Sonne löste bei unseren Vorfahren Stress pur aus. Ihre natürliche Reaktion darauf: Kampf oder Flucht. War die Gefahr vorbei, schaltete der Organismus wieder auf einen anderen, ebenso natürlichen „Betriebsmodus": Die Entspannungsreaktion sorgte dafür, dass die verbrauchten Energien erneuert wurden.

So betrachtet, leidet der moderne Mensch in seinem Alltag unter Stress, weil auf die vielen Stressmomente keine ausreichenden Entspannungsreaktionen folgen. Die Konsequenz: Er erschöpft auf Dauer seine körperlichen sowie psychischen Ressourcen und betreibt Raubbau mit seinen Kräften.

Diese Entwicklung beginnt eher unauffällig im Alltag – kleine Müdigkeiten werden einfach überspielt, „Langsam-Machen" ist nicht drin, Pausen gibt es gar keine mehr. Dabei braucht jeder Mensch im Laufe eines Tages ausreichende Erholungs- und Ruhezeiten. Wenn dauernd Energie verheizt wird, muss sie genauso konsequent erneuert werden. Anspannung und Entspannung sind zwei untrennbar miteinander verbundene Aspekte der Vitalität – und auch der Glücksfähigkeit.

> Stress- und Entspannungsforscher betonen, dass die Entspannungsreaktion kein Ausnahmezustand des Organismus ist. Entspannung verläuft vielmehr nach einem Reaktionsmuster, das evolutionär angelegt ist und daher zum natürlichen Verhaltensrepertoire des Menschen zählt. Studien bestätigen, dass Entspannung langfristig nicht nur körperliche Vorgänge wie den Blutdruck positiv verändert, sondern die Menschen sich sehr viel wohler fühlen und das Gefühl entwickeln, dass sie ihr Leben besser im Griff haben. „Wer sich regelmäßig entspannt, fühlt sich nicht mehr länger wie ein tanzender Korken auf dem Meer des Lebens", bilanziert der renommierte Stressforscher Herbert Benson.

Die Fähigkeit, den eigenen Energiehaushalt auszugleichen und durch Entspannung, Erholung und Gelassenheit immer wieder zu Kräften zu kommen, ist jedenfalls eine Kunst, die der westliche Mensch erst wieder erlernen muss. Psychologen und Stressforscher fordern daher eine „Kultur der Entspannung": Wir sollten unser Leben so gestalten, dass die Stressbilanz positiv ausfällt, da unsere Gesundheit und unser emotionales Wohlbefinden direkt von einem ausgewogenen Verhältnis zwischen Stress und Erholung abhängen.

In der Stressforschung weiß man heute, dass es – neben prinzipiell sinnvollen Empfehlungen zur Entspannung, zu regelmäßiger körperlicher Bewegung und gesunder Ernährung, zu maßvollem Umgang mit Genussgiften wie Alkohol oder Nikotin – keine Patentrezepte gibt: Es gibt ebenso wenig eine Pille, die gegen den Stress hilft, wie Stress ganz zu vermeiden ist.

Auch wenn regelmäßige Entspannungsübungen für unser Wohlbefinden hilfreich und wichtig sind, genügt es nicht, sich nur kurzfristig körperlich zu entlasten. Es kommt vielmehr darauf an, die verschiedenen Lebensbereiche positiv zu gestalten. Wie neue Untersuchungen belegen, bemühen sich zum Beispiel erfolgreiche Stressmanager stärker um befriedigende soziale Beziehungen, entwickeln im Arbeits- und Privatleben ein stärkeres Interesse und erleben sich insgesamt als motivierter.

Neben dem Stellenwert der Entspannung sollte man sich auch den der *Erholung* bewusst machen, da Entspannung und Erholung häufig als zwei Namen für dieselbe Sache missverstanden werden. Außerdem fanden Gesundheitsforscher heraus, dass Erholung nicht gleich Erholung ist. Ob Regeneration oder Stimulation, Spazieren gehen, Baden oder Dösen – entscheidend ist, wozu und wovon sich der Einzelne erholen möchte. Will man Energie tanken, etwas Sinnvolles tun, zur Ruhe kommen oder etwas Anregendes machen?

Der deutsche Erholungsforscher Henning Allmer erkannte, dass Erholung hierzulande nur eine untergeordnete Rolle spielt. Viele Menschen erholen sich unregelmäßig oder nicht richtig: wer sich dies nur im Urlaub oder am Wochenende gönnt, ist meistens zu spät dran. Czikszentmihalyi erkannte darüber hinaus, dass fehlende Erholung ein ausgesprochener Flowkiller sein kann und rät den Menschen ausdrücklich, sich ausreichend Zeit für Reflexion und Entspannung zu nehmen.

Die einzelnen Erholungsmaßnahmen – von Lesen über Laufen bis zu Sauna und Shopping – sind unterschiedlich dazu geeignet, Wohlbefinden, Freude und Glück zu fördern. Die Erholungsforschung differenziert, wovon und wozu sich der Einzelne erholen will: Ist er – gedanklich, körperlich, emotional – über- oder unterfordert? Leidet er unter zu monotonen Tätigkeiten oder ist er ermüdet? Belastet ihn Stress? Oder ist er emotional abgestumpft und gesättigt?

So verdeutlichen neuere Untersuchungen, dass Fragen danach, wie oder wann man sich im Alltag erholt, oft verwundern und viele Menschen einräumen, „darüber noch nicht nachgedacht zu haben“. Erholungspausen werden immer wieder aufgeschoben oder erst auf ärztlichen Rat – „Sie müssen sich endlich erholen!“ – eingelegt. Warum haben die meisten Menschen die individuelle Balance zwischen Beanspruchung und Erholung verloren? Warum bleiben die vielen guten Vorsätze, sich am Feierabend, Wochenende oder im Urlaub „gut zu erholen“ oder endlich mal wieder auszuspannen, so oft unerfüllt? Und was kann man tun, um sich richtig zu erholen?

Die Befunde der Gesundheitsforschung zeigen, dass eine dauerhafte Erholungsschuld – wissenschaftlich ausgedrückt: ein „ungünstiges Beanspruchungs-Erholungs-Verhältnis“ – krank macht. Wenn beispielsweise auch der Schlaf als das wichtigste Erholungsmittel nicht mehr funktioniert, also Einschlaf- und Durchschlafprobleme auftreten, entsteht ein Erholungsmangel. Dieser wiederum macht sich durch Übermüdung, depressive Verstimmungen, Überanstrengung oder Dauerstress bemerkbar.

Erholung wird häufig als etwas Selbstverständliches betrachtet: Viele Menschen meinen, in der Freizeit oder im Urlaub würden sie sich schon erholen, weil sie nicht arbeiten müssen oder weniger beansprucht sind. Sie gehen davon aus, dass sich Erholung „von selbst“ einstellen wird – also nicht direkt beeinflusst werden kann.

Sehr zu Unrecht: Wie Erholungsforscher wissen, darf Erholung in den meisten Fällen nicht mit passivem Ausruhen verwechselt werden. So bestätigen Studien aus der Arbeits- und Sportpsychologie, dass sich der Organismus besonders nach starken Belastungen schneller durch aktive Erholung – beispielsweise durch einen Spaziergang oder eine Fahrradtour – regeneriert, als wenn man den Körper völlig ruhig stellt.

Vor allem aber ist die Einstellung weit verbreitet, sich wieder richtig erholen zu wollen, „wenn der Stress vorüber ist". Diese Haltung birgt besondere Gefahren in sich, da körperliche Alarmsignale nicht wahrgenommen oder verharmlost werden. Wer beispielsweise Ermüdungssignale durch erhöhte Anstrengung auszugleichen versucht, die Arbeit trotz auftretender Müdigkeit fortsetzt, riskiert Erschöpfungszustände. Dies gilt auch für „Doping" aller Art: Kaffee, Alkohol oder Pillen unterdrücken die Schutzfunktion der Müdigkeit und sind gefährlich, da sie an die Substanz gehen.

Um sich richtig zu erholen, ist persönliche Bereitschaft und Einsicht nötig, doch häufig mangelt es daran. Wer sich beispielsweise Belastungen und Überforderungen nicht eingesteht, bagatellisiert oder meint, sich eine Pause (noch) nicht leisten zu dürfen, schadet sich selbst. So wirkt besonders die Angst fatal, als nicht leistungsfähig oder nur wenig belastbar zu gelten. Viele empfinden es bewusst oder unbewusst geradezu als Stigma, erschöpft und erholungsbedürftig zu sein. Wer zudem seine Arbeit über alles andere stellt, wird zwangsläufig Erholungsschulden machen. Fatal kann es sich auch auswirken, wenn dauerhaftes „Gestresst-Sein" in Beruf und Freizeit als positives Identitätsimage bewertet wird.

Die Forschung hat vor allem erkannt, dass Erholung gesteuert werden kann. Beanspruchung und Erholung sind in einem *Beanspruchungs-Erholungs-Zyklus* wechselseitig aufeinander bezogen. Diese dynamische Beziehung lässt sich für Gesundheitsforscher Allmer mit der Fass-Metapher veranschaulichen. Durch die tägliche Summierung verschiedenster Belastungen – Ermüdung, Monotonie, Stress – wird das Beanspruchungsfass allmählich gefüllt. Um ein Überlaufen zu vermeiden, muss man rechtzeitig entweder den Zufluss unterbinden oder den „Erholungshahn“ aufdrehen – nicht nur im Urlaub oder an Wochenenden, sondern täglich.

Es kommt daher nicht nur darauf an, wovon man sich erholt, sondern auch mit welchem Ziel. Machen Sie sich also bewusst, ob Sie sich nach Ermüdung regenerieren möchten, bei zu monotoner Beanspruchung Stimulation suchen, sich nach „Psycho-Stress“ wieder entspannen oder bei emotionaler Sättigung neue Herausforderungen erleben möchten. Im Folgenden werden die wichtigsten Grundlagen und Methoden des glücks- und gesundheitsfördernden Stressmanagements und -killings vorgestellt. Neben Erholung und Entspannung im Alltag geht es dabei um die mächtigen Stresskiller Genuss und Schlaf – wobei jede „Anti-Stress-Übung“ auf ihre Art auch als Glücksbringer wirkt.

Übung 7: Die Entspannungsschule

Das wichtigste und erste Gebot des Stressmanagements lautet: Entspannen Sie sich! Regelmäßig – Tag für Tag. Obwohl es alle wissen, beherzigen nur die wenigsten diese Empfehlung. Finden Sie heraus, welche Methode – autogenes Training, progressive Relaxation, Biofeedback, Yoga, Selbsthypnose, Meditation oder Ähnliches – in welcher Situation (Mittagspause oder andere Auszeiten) für Sie am besten geeignet ist.

Stressforscher raten prinzipiell, die gewählten Entspannungsübungen regelmäßig ein- bis zweimal täglich etwa zehn bis 20 Minuten durchzuführen. Darüber hinaus empfehlen sie täglich mehrmals so genannte Mini-Meditationen: bei Angst, Anspannung oder Druck mehrmals tief einatmen – und den Atem dann langsam in mehreren Stufen wieder herauslassen.

Zu allen Entspannungsverfahren gibt es sehr viele Ratgeber und eine Reihe von Anleitungen zum Selbstlernen. Experten betonen allerdings nachdrücklich, dass die jeweiligen Verfahren bei einem ausgebildeten professionellen Therapeuten gründlich erlernt werden sollten. Entsprechende Kurse bieten alle Krankenkassen und Volkshochschulen an.

Neben den bekannten Verfahren wie dem autogenen Training oder der Relaxation sind die so genannte Stressimmunisierung und der Body-Scan bewährte Verfahren. Viele Leistungssportler setzen bewusst die letztgenannte Methode ein, um flowfähig zu werden.

Stressimpfung

Die *Stressimmunisierung* wurde von dem kanadischen Psychologen Don Meichenbaum als „Stressimpfungstraining" (SIT) entwickelt. Wie der Begriff ausdrückt, soll der Organismus durch das SIT in die Lage versetzt werden, bei Stress ähnlich widerstandsfähig zu reagieren wie nach medizinischen Impfungen auf Infektionen. Das Stressimpfungstraining wird daher vorbeugend gegen belastende Situationen oder Ängste eingesetzt. Die jeweilige gedankliche und gefühlsmäßige Einstellung hat starken Einfluss darauf, ob wir etwas als bedrohlich oder nicht bedrohlich wahrnehmen. Wenn man einem Menschen beispielsweise vor einer Operation umfassend erläutert, welche Schwierigkeiten auftreten und wie sich die Dinge weiterentwickeln können, reagieren diese Patienten – im Vergleich zu uninformierten Personen – sehr viel unempfindlicher und weniger ängstlich auf die gleichen Schmerzen.

Meichenbaum entwickelte das SIT zunächst mit Studenten. Er wies sie an, körperliche Symptome wie Herzschlag, Schweiß in den Handflächen oder angespannte Muskeln konzentriert wahrzunehmen, sobald sie Angst vor Schmerzen verspürten.

Danach brachte Meichenbaum ihnen bei, wie sie diese beunruhigenden physiologischen Reaktionen mithilfe der jeweiligen Entspannungsverfahren kontrollieren konnten.

Der zweite Schritt der Stressimmunisierung besteht im Wesentlichen darin, die Angst auslösenden beziehungsweise stabilisierenden Gedanken und Vorstellungen in den Griff zu bekommen. Dies können Sie erreichen, indem Sie sich bewusst machen, dass Angst auslösendes, negatives Denken häufig Gewohnheit ist, und stattdessen ermutigende Selbstgespräche führen.

Übung 8: Entspannungsflow Body-Scan

Eine der effektivsten Methoden, mit der eine intensive entspannende Körpererfahrung möglich wird, ist der Body-Scan: „Viele Menschen erfahren durch diese Übung das erste Mal in ihrem Leben tiefes körperliches Wohlbefinden", fasst Stressforscher und Verhaltensmediziner Kabat-Zinn seine langjährigen praktischen Erfahrungen zusammen. Der Grund: Die Aufmerksamkeit wird umfassend über einen längeren Zeitraum hinweg gezielt gerichtet.

„Wir beginnen bei den Zehen des linken Fußes und bewegen uns langsam durch das ganze Bein aufwärts. Dabei versuchen wir, alle Empfindungen wahrzunehmen, während wir den Atem unbeirrt in die einzelnen Bereiche lenken. Vom Becken aus begeben wir uns in die Zehen des rechten Fußes und wieder zurück ins Becken, dann weiter aufwärts durch den Rumpf, die Lenden, den Bauch, das Kreuz, die Brust bis in die Schultern.

Als Nächstes atmen wir in die Finger beider Hände hinein. Dann bewegen wir uns durch beide Arme gleichzeitig aufwärts in die Schultern, von dort weiter in den Hals, das Gesicht, den Hinterkopf und den Scheitel, wo wir wie ein Wal durch ein imaginäres Loch aus- und einatmen. Wir lassen den Atem im wahrsten Sinne des Wortes vom Scheitel bis zur Sohle durch uns hindurchfließen, als würde er durch die Öffnung am Scheitel in uns einströmen und durch die Zehen wieder austreten."

Wie die Praxis zeigt, erfahren viele Menschen diese eher meditativen Übungen als Flow. Der Body-Scan könnte daher auch für Sie ein wichtiges Mosaik Ihrer eigenen Glückspraxis werden.

Erholung: Vergessene Glücksmomente?

Wer sich nicht erholt, so die Psychologen, verpasst sein Glück. Dabei werden, wie schon erwähnt, vier Erholungsdimensionen unterschieden: *Energie tanken*, *etwas Sinnvolles tun*, *zur Ruhe kommen* oder *etwas Anregendes machen*. Gehen Sie Erholung daher gezielt an – je nach Art, Dauer und Intensität der vorangegangenen Beanspruchung sind jeweils unterschiedliche Tätigkeiten zu bevorzugen.

Ein optimaler Erholungsprozess verläuft in drei aufeinander folgenden Phasen der Distanzierung, Regeneration und Orientierung.

Während der *Distanzierung* muss man von der vorangegangenen Beanspruchung körperlich, gedanklich und emotional Abstand gewinnen. So genügt es meist nicht, sich nur von körperlichen Belastungen zurückzuziehen, um sich zu erholen – vielmehr ist es nötig, sich von belastenden Gedanken („Grübeln") zu befreien. Viele verkennen deren Bedeutung: Nur wer sich von nachschwingenden negativen Gefühlen distanzieren kann, erholt sich nachhaltig.

In der Phase der *Regeneration* kommt es darauf an, die Energiespeicher von Körper und Seele wieder aufzufüllen. Die muskuläre und körperliche Entspannung muss dabei mit einer gedanklichen Besinnung einhergehen, damit das emotionale Gleichgewicht wieder hergestellt werden kann.

Die *Orientierungsphase* dient dazu, sich auf neue Aufgaben und Belastungen vorzubereiten – sowohl körperlich als auch gedanklich. In dieser Phase spielt der emotionale Aspekt ebenfalls eine wichtige Rolle. Vieles wird leichter, wenn man anstehende Probleme nicht schlecht gelaunt, sondern mit der beflügelnden Kraft der Vorfreude angeht.

Um herauszufinden, wie Sie sich insgesamt besser erholen können, sollten Sie sich mit den vier Erholungsdimensionen vertraut machen.

- Energie tanken: Viele Menschen gehen dazu spazieren oder in die Sauna. Welche Erholung bevorzugen Sie, um neue Kraft zu tanken?
- Zur Ruhe kommen: Lesen oder Dösen. Welche Erholung bevorzugen Sie, um sich wieder zu sammeln?
- Etwas Sinnvolles tun: Ausgehen, Veranstaltungen besuchen oder Gespräche führen. Welche Erholung bevorzugen Sie, um auf neue Gedanken zu kommen?
- Etwas Anregendes machen: Sport treiben. Welche Erholung bevorzugen Sie, um sich anregen zu lassen?

Wie Erholungsforscher Allmer betont, bieten sämtliche sozialen Beziehungen eine Art „Breitbanderholung“ – sofern sie nicht zu Sozialstress führen. Im Alltag sollten wir uns klar machen, dass uns eine Reihe unbewusster Einstellungen davon abhalten, uns zu regenieren. Diese Erholungsbarrieren bringen unsere Erholungsbilanz ins Soll.

Erholungsbarrieren

Die Gesundheitsforschung hat eine Reihe von Barrieren benannt, die viele Menschen davon abhalten, sich ausreichend zu erholen. Prüfen Sie, ob die folgenden für Sie zutreffen.

- *Pause am Ende*: Die Überzeugung, Begonnenes immer erst abschließen zu müssen, ehe man sich eine Pause gönnen darf, schadet unserer Erholung beträchtlich. Lernen Sie, unerledigte Dinge liegen zu lassen und Erholungspausen einzulegen.

- *„Workaholic-Syndrom“:* Wenn Sie sich Ihr Leben mit Aussagen wie „Ich bin nun mal pflichtbewusst“ oder „Erst die Arbeit und dann das Vergnügen“ erschweren, wird Erholung zwangsläufig zu kurz kommen.
- *Ohne-mich-geht-es-nicht:* Wenn Sie glauben, alles selbst regeln zu müssen und Verantwortung nicht delegieren zu können, wird die Beanspruchungsdauer unangemessen ausgedehnt und die notwendige Erholung vernachlässigt. Es kann auch gesundheitlich problematisch sein, wenn Sie überzogene Leistungsansprüche an sich selbst stellen.
- *„Wenn der Stress vorüber ist“* – wollen viele richtig Urlaub machen. Diese Haltung ist besonders gefährlich, weil dann physische Alarmsignale von den Betroffenen nicht wahrgenommen oder zumindest verleugnet und verharmlost werden.
- *„Aus dem Tritt kommen“:* Lassen Sie sich nicht durch die Befürchtung, nach einer Unterbrechung und Erholungsphase nicht wieder richtig in Schwung zu kommen, von Erholung abbringen.

Berufsstress: Antistressagenda fürs Büro

Es gibt viele Ansätze, wie der Stress am Arbeitsplatz zu vermeiden ist. Mit dem Konzept der „Office-Biologie“ haben amerikanische Gesundheitsberater ein neues und bewährtes Erfolgsmodell entwickelt. Neben regelmäßiger Entspannung (Wann ist es für mich persönlich am besten?) empfehlen sie folgende Antistressübungen.

Übung 9: Gegen den Stress

- Atmen: Die wichtigste, einfachste und immer anwendbare Entspannungsübung lautet: *Bewusst atmen!* – ruhig und tief. Wem der Stress im Büro eher „auf den Magen schlägt“, sollte sich hinsetzen, die Füße auf den Boden stellen und beim Einatmen die Zehen leicht anziehen, um tief in den Bauch atmen zu können. Wer eher im Nacken- oder Schulterbereich verspannt, sollte beim Einatmen die Fußballen leicht anheben.
- *Schalten Sie bewusst ab!* Machen Sie es sich zur Gewohnheit, sich bei Stress gezielt von der Arbeit abzulenken. Schauen Sie aus dem Fenster, „meditieren“ Sie über das selbst aufgehängte Bild im Büro, gehen Sie auf Fantasiereise in Ihren letzten Urlaub oder lassen Sie andere angenehme Erfahrungen lebendig werden.
- *Riechen Sie sich „frei“!* Wohlgerüche entfalten praktisch immer und sofort eine stark beruhigende und entspannende Wirkung – auch im Büro. Stellen Sie sich regelmäßig duftende Blumen auf den Schreibtisch oder schnuppern Sie hin und wieder an Ihrem im Schreibtisch deponierten Lieblingsparfüm oder -rasierwasser. Auch wenn es Ihre Kollegen zunächst belächeln sollten, bringen Sie eine Aromalampe oder ein kleines Duftkissen mit ins Büro – Sie können das Öl oder die Kräuter ja sehr niedrig dosieren.
- *Kiefer-Check!* Prüfen Sie mehrmals täglich, ob sich Ihre Kinn- oder Gesichtsmuskulatur verspannt hat – im Regelfall die erste Stressreaktion bei Druck. Gewöhnen Sie sich an, mehrmals täglich Ihren Kiefer und die Gesichtsmuskulatur zu entspannen und zu lockern.
- *Lachen Sie öfter!* Das ist ein ernst gemeinter Rat. Suchen Sie in der Firma bewusst die Nähe wirklich humorvoller Menschen. Versuchen Sie öfter, sich daran zu erinnern, wie es sich anfühlt, richtig zu lachen. Denken Sie an Ihren Lieblingswitz, -film oder -video. Neh-

men Sie Ihr Lieblingsbuch in Sachen Humor mit ins Büro und lesen Sie darin (vgl. auch S. 97 ff.).

Zudem empfiehlt es sich, *ergonomische Untersuchungen* durchführen zu lassen: Ist genug Raum im Büro? Sind Einrichtung und Umstände – PC, Bürostuhl, Schreibtischhöhe, Lichtverhältnisse, Lärmpegel und so weiter – in Ordnung? Scheuen Sie sich nicht, von einem Umweltmediziner oder ähnlichen Experten prüfen zu lassen, ob die Innenräume biochemisch (un-)belastet sind.

Darüber hinaus sollte jeder arbeitende Mensch ein persönlich wirksames *Zeitmanagement* entwickeln – zwar wissen dies die meisten, sie handeln aber nicht danach. Machen Sie sich bewusst, wer oder was im Büro die meiste Zeit kostet: Erstellen Sie eine ausführliche Liste mit den jeweiligen (Stress-)Punkten. Überlegen Sie dann, woran Sie etwas ändern können und woran nicht – und führen Sie über einen längeren Zeitraum hinweg konkrete Tagespläne. Wenn diese Vorgehensweise nicht funktioniert, können Sie sich immer noch professionelle Hilfe holen.

Stresskiller gegen Freizeitstress

- *„No-Stress-Zone“:* Schaffen Sie sich zu Hause eine stressfreie Zone. Das kann ein bestimmtes Zimmer, ein Stuhl oder ein kleiner Winkel in der Wohnung sein, ein Ort, an dem Sie alles machen können, was der Muße und dem inneren Frieden dient.
- *Kummerkiste:* Benutzen Sie einen Schuhkarton oder Ähnliches; funktionieren Sie dieses Behältnis zur Kummerkiste um. Wenn Sie nachts einmal nicht (ein-)schlafen können, versuchen Sie, den Stress verursachenden Kummer aufzuschreiben. Den Zettel legen Sie dann in die Kummerkiste, verschließen diese und sagen zu sich: „Jetzt nicht! Jetzt ist Ruhezeit – aber morgen werde ich mich wieder darum kümmern.“

- *Sport:* Bewegung ist Labsal für Leib und Seele. Wer unter Stress steht, sich müde und ausgelaugt fühlt, sollte es gerade deswegen mit Sport und körperlicher Bewegung versuchen. Dies ist nämlich ein höchst probates Mittel, um Sorgen und miese Stimmung loszuwerden. Das oft praktizierte Fernsehen gegen Stress und Verstimmungen hilft nicht viel, sondern schadet eher. Auch sonstige Trümpfe des alltäglichen Stressmanagements wie Hobbys, Lesen, Schreiben oder der Einkaufsbummel stechen den natürlichen Stimmungsaufheller aktive Bewegung nicht aus.
- *Selbstgespräche gegen Stress:* Wenn jemand mit sich selbst spricht, hält man ihn leicht für etwas neben der Spur – meist zu Unrecht, können doch Selbstgespräche eine effiziente Form der Stressbewältigung sein. So werden unsere Gefühle und unser Verhalten häufig von einem inneren Dialog gestaltet, auch wenn wir es nicht bewusst wahrnehmen. Gerade in anstrengenden Situationen tauchen negative, Stress fördernde Gedanken auf, zum Beispiel „Das wird schief gehen", denen wir bewusst positive Selbstgespräche – „Du schaffst das schon" – entgegensetzen können.
- *Musik:* Ob Mozart oder Miles Davis, Rockmusik oder Folklore – eines haben alle musikpsychologischen Studien der letzten Jahre bestätigt: Jeder verfügt über ein Anti-Stressprogramm, das Wohlbefinden und Gesundheit fördert, wenn er weiß, welche Rhythmen ihn am besten beruhigen oder beflügeln.
- *Haustiere*: Der Hund möchte gekrault werden oder die Hauskatze schmusen, dies kann für Tierfreunde stark entspannend wirken. Die Befunde zum Thema sind alle eindeutig: Wer Tiere mag und mit ihnen umzugehen versteht, kann seine Stressbilanz im Zusammenleben mit ihnen positiv gestalten. Selbst gestresste New Yorker Bro-

ker profitieren nachweislich vom kleinen Tiger im heimischen Appartement.

Stresskiller Genuss: Wie Essen und Trinken glücklich macht

Genuss ohne Reue? Viele Genussmittel sind ungesund, lehrten Mediziner jahrzehntelang: Unsere Alltagsdrogen und alles, was schmeckt – Alkohol, Zucker, Fett und Salz –, schadet der Gesundheit. Nun ist wohl Umdenken angesagt, denn mittlerweile weiß die allzu lange nur auf Stress und krank machende Einflüsse konzentrierte Forschung, wie sehr Genuss unser Wohlbefinden fördert. Genussmittel wie Alkohol, Kaffee, Tee und Schokolade – in Maßen – tun uns gut. Befreien Sie sich also von der Angst vor Essenssünden, denn gesund ist, was Spaß macht.

Genuss ist deswegen so wichtig für unser Wohlbefinden, weil der Körper annimmt, was ihm gut tut. Forschungsbefunde bestätigen, dass freudige Erlebnisse im Alltag das Immunsystem doppelt so stark unterstützen wie belastende Erfahrungen es schwächen.

Unsere Alltagsdrogen helfen uns, den gewohnten Stress leichter zu ertragen und die eigene Stimmung zu verbessern. Wir sind sozusagen von Natur aus süchtig nach Wohlbefinden und Lustgewinn.

Daher helfen uns die „kleinen Sünden“ im Alltag zu entspannen, fördern unser Wohlbefinden und unsere Glücksfähigkeit. Zwar sind die Zusammenhänge zwischen Essen und Psyche sehr komplex, dennoch erfahren die Forscher immer mehr darüber, dass viele Substanzen in unserer Nahrung wie Medikamente auf den Organismus wirken – oder wie Drogen. *Blisspoint* heißt in der Fachwelt der magische Moment des Glücks, wenn Körper und Gehirn auf geliebte Essensgenüsse mit elementaren Lustgefühlen reagieren: Der

Biss in die Praline, der Schluck Chablis oder der dampfende Espresso laben die Seele.

Die Ernährungsforschung der letzten Jahre bewies aufgrund ihrer konsistent widersprüchlichen Befunde, dass es beim Essen weder strenge Gebote noch Verbote – kein Fleisch!, kein Cholesterin!, kein Salz!, kein Alkohol!, kein Zucker! – geben kann, es sei denn, medizinische Indikationen machen Diätvorschriften individuell notwendig. Ansonsten sollte sich niemand mehr mit strengen Essensregeln unglücklich machen: Dass man mit Diäten abnehmen könnte, ist wissenschaftlich als Mythos und Lüge entlarvt.

So zeigen alle internationalen Studien, die in den letzten Jahren durchgeführt worden sind, dass es in etwa 95 (!) Prozent aller Fälle zum so genannten Jojo-Effekt kommt. Die abgehungerten Pfunde holt sich der Körper nach jeder Diät aufgrund evolutionärer Mechanismen schneller zurück, als er sie verloren hat.

Da Diäten zudem häufig zu gravierenden Mangelzuständen führen, *warnen* Gesundheitsorganisationen wie die Deutsche Gesellschaft für Ernährung (DGE) oder die einflussreiche Amerikanische Medizinervereinigung AMA nachdrücklich davor.

„Möglicherweise tun Sie mehr für Ihre Gesundheit und Ihr Wohlbefinden, wenn Sie Ihre Diätratgeber und Multivitaminpillen in den Müll werfen", kommentiert Ernährungswissenschaftler Udo Pollmer die neue Befundlage.

Anstatt sich selbst zu kasteien und auf Diät zu setzen, empfiehlt es sich, bei der Ernährung auf Vielfalt, Balance und das richtige Maß zu achten. Gleichen Sie fettreiche Kost mit fettarmer aus oder bewegen Sie sich nach einer kalorienreichen Mahlzeit ausreichend. Es gibt ohnehin nur einen Weg, um tatsächlich abzunehmen: wenig Fett und viel Bewegung.

Neben der goldenen Regel, täglich frisches Obst und Gemüse zu essen, gilt folgende Vorgabe: Decken Sie Ihren täglichen Kalorienbedarf zu 15 bis 20 Prozent mit Eiweiß, zu 15 bis 30 Prozent mit Fett, vor allem ungesättigten Fettsäuren (Olivenöl, Fisch), und zu 50 bis 65 Prozent mit Kohlenhydraten (Vollkornbrot, Nudeln, Kartoffeln). Ansonsten können und sollen Sie beim Essen vor allem eines: genießen und glücklich sein.

Auch die Bremer Ernährungsforscherin und Psychologie-Professorin Gisela Gniech betont, dass Lebensmittel als Therapeutikum eingesetzt werden können, wenn man über eine sensible Wahrnehmung körpereigener Vorgänge und gute Selbstregulationsmechanismen verfügt. Dass Essen glücklich macht, zeigt zudem die Forschung zum *Mood-Food*, der „Stimmungsnahrung". So bezweifeln Gesundheitsexperten heute nicht mehr, dass man gute Laune essen kann: *Mood-Food* verbessert unsere Stimmung und hilft gegen depressive Episoden, den gefürchteten Blues. Von der Schokolade beispielsweise weiß man heute, dass hunderte von Aromastoffen und einige verblüffend marihuanaähnliche Substanzen für bekannt nachhaltige Genusswonnen sorgen. Der ironisch gemeinte Begriff „Chocoholic" könnte einen ernsteren Hintergrund haben, als viele vermuten. Weitere stimmungsbeeinflussende Inhaltsstoffe in unseren Nahrungsmitteln sind:

- *Kohlenhydrate* beruhigen und entspannen, da sie biochemisch den Serotoninstoffwechsel beeinflussen, der wiederum unsere Lust- und Glücksgefühle prägt: Spaghetti und Nudelsalat machen wirklich happy.
- *Fett* dagegen, vor allem gesättigte Fettsäuren tierischer Herkunft, belastet nicht nur die Gefäße, sondern beeinträchtigt auch den Sauerstofftransport ins Gehirn. Zu viel Fett macht also träge – körperlich und geistig. Zudem wird vermutet, dass zu viel tierisches Fett den Hirnstoffwechsel negativ beeinflusst und dadurch depressive Verstimmungen gefördert werden.

- *Eiweiße* wiederum bauen körperlich auf und aktivieren. Allerdings kann ein Zuviel an Proteinen ebenfalls die Stimmung drücken, da bestimmte Aminosäuren den Serotoninspiegel senken. Quark oder Jogurt ist gesund und sättigt – zu viel Quark aber kann schlechte Laune verursachen.
- *Zucker* hebt das Lebensgefühl – sofort. Ob man Schokolade, Marmelade, Eis, Kekse oder Kuchen isst: der Blutzuckerspiegel steigt ebenso unmittelbar wie unsere Laune, da viele Kakaostoffe die körpereigenen Opiate oder Endorphine aktivieren. Die Lust auf Zucker ist uns im Übrigen angeboren. Bereits kleine Babys lächeln zufrieden, wenn man ihnen Zuckerlösung auf die Zunge träufelt – bei Salzigem oder Saurem dagegen verziehen sie das Gesicht.

Wer in dieser höheren Gesundheitsschule des Genießens zwischen Hunger und Appetit trennen sowie körperlichen von emotionalem oder seelischem Hunger unterscheiden kann, hat für die Esspsychologen bereits eine Art Reifeprüfung abgelegt. Denn genussvolles Essen hat mit einem allzu ausgiebigen Frustessen gar nichts zu tun.

So stehen in aller Regel den gesunden Gourmets die essgestörten Gourmands gegenüber – hierbei handelt es sich um eine große Problemgruppe, in der die Psychologin Gina Kaestele weitere Formen von Essstörungen feststellte: Sie fand neben Stress- und Frustessern noch außengeleitete Esser, Erschöpfungsesser, Suchtesser, Fluchtesser, Belohnungsesser, Trostesser und Gewohnheitsesser.

„Genuss ist einer der grundlegenden Faktoren für den Erhalt unserer Gesundheit“, betont Ernährungspsychologe Iwer Diedrichsen. Nach jahrzehntelangen Verboten, Mahnungen und einschlägigen Vermeidungsappellen hat nun auch die Deutsche Gesellschaft für Ernährung erkannt, dass

Lebensmittel psychologisch immer auch Genussmittel sind und den jüngst verkündeten *Ernährungsstil 2000* als ebenso „gesundheitsbewusst wie genussorientiert" erklärt: Essen soll Leib und Seele gut tun.

Obwohl Genussesser nicht dick sind oder werden, verzichten sie nicht ganz auf Ernährungssünden. Der Genuss ihrer jeweiligen Lieblingsspeisen gehört zu ihrem Leben – allerdings nicht jeden Tag und nur in Maßen. Hinzu kommt regelmäßige körperliche Aktivität, die ein Zunehmen ebenfalls verhindert. Ebenso wie Mediziner die existenzielle Bedeutung der körperlichen Selbstheilungskräfte bei Krankheiten erkannt haben, betonen Ernährungsforscher nun die Selbstregulation als „Weisheit des Körpers" beim Essen.

Wer in modernen Zeiten des Überflusses ein dem Wohlbefinden förderliches Ernährungsverhalten entwickeln möchte, kann sich an der von Esspsychologin Gniech zusammengestellten harmonischen Ernährungsweise der Genussesser orientieren:

- Sie essen nur dann, wenn sie auch körperlich Hunger verspüren.
- Sie spüren, was ihr Körper – und ihre Seele – brauchen und wählen aus, was ihnen im jeweiligen Moment gut tut.
- Sie genießen das, was sie essen.

Allerdings wissen Experten wie Diedrichsen, dass es viele Menschen gibt, die erst wieder lernen müssen, wie sie den Genuss beim Essen kultivieren können. Vor allem sollen die Betroffenen begreifen, dass „Genuss zwar stets mit Lust einhergeht, aber nicht jede Lust genießerisch ist", wie der Professor für Ernährungspsychologie betont. Im Folgenden zeigen Ihnen die Grundprinzipien des verhaltenstherapeutischen „Genusstrainings“, was Sie beim Genießen beachten sollten.

Übung 10: Genusstraining – essen und trinken mit Freude

Für Diedrichsen hat sich das verhaltenstherapeutische *Genusstraining* auch unter ernährungspsychologischen Vorzeichen sehr bewährt: Die emotional stabilisierende therapeutische Schulung der Sinne hilft beispielsweise nicht nur depressiven Menschen, wieder Spaß am „komplexen Verhaltensmuster Genießen“ zu finden, sie weist auch gesunden Menschen den Weg, gesundheitsförderliche Freude am Essen und Trinken zu erfahren.

Das Genusstraining umfasst etwa zehn bis zwölf Sitzungen und wird am besten in kleinen Gruppen mit sechs bis acht Teilnehmern durchgeführt. Es kann aber auch jederzeit als Einzeltherapie stattfinden. Neben vielen sinnlichen Übungen zum Fühlen, Riechen, Tasten und Schmecken macht das Genusstraining im Wesentlichen mit den sieben Genussgeboten vertraut:

- *Genuss braucht Zeit:* Für das Genießen muss man sich Freiräume schaffen. Genießen kann nur, wer wirklich Zeit hat.
- *Genuss muss erlaubt sein:* Die klinische Praxis hat gezeigt, dass viele Kranke genussphobisch reagieren, unbewusste Ängste aber auch gesunden Menschen oft den Spaß am Essen verderben. Daher „müssen Genusstabus und angstbesetzte Verbote durch ausdrückliches Erlauben und Handeln überwunden und gebrochen werden“, so Diedrichsen. Die Lektion lautet folgendermaßen: Wirklicher Genuss ist nie schädlich – sondern sehr gesund.
- *Genuss geht nicht nebenbei:* Genießen kann nur, wer konzentriert und aufmerksam bei der Sache ist und sich nicht ablenken lässt. Essen und gleichzeitiges Fernsehen etwa schließen jede Art von Genuss völlig aus.

- *Wissen, was einem gut tut:* Jeder Mensch hat gerade beim Essen seine eigenen Vorlieben, die häufig aber erst erkannt und bewusst entfaltet werden müssen.
- *Weniger ist mehr:* Genuss hat nichts mit Völlerei oder gar Exzessen zu tun. Genießer kennen vielmehr das rechte Maß und wissen, dass wahrer Genuss ohne zeitweiligen Verzicht nicht denkbar ist.
- *Ohne Erfahrung kein Genuss:* So wie jeder Weinkenner erst lernen muss, wie vielfältig und nuanciert Weine wirklich schmecken, muss jeder selbst herausfinden, wie er den eigenen Essensgenuss differenzieren und vertiefen kann.
- *Genuss ist alltäglich:* Man braucht keine besonderen Ereignisse, um Genuss zu erleben. Vielmehr kann sich jeder im Ernährungsalltag seine eigenen Glücksnischen schaffen.

Genusstraining wird mittlerweile in vielen Kliniken bei Essstörungen oder Übergewicht praktiziert, auf dem freien Markt offerieren immer mehr Verhaltenstherapeuten oder Ernährungsberater ihre Dienste als Genusscoach. Die Krankenkassen übernehmen die Kosten, falls das Genusstraining im Rahmen einer verordneten Verhaltenstherapie stattfindet.

Wie gesund Genuss sein kann, erkannten die Gesundheitsforscher, als sie vor einigen Jahren mit dem *French Paradox* konfrontiert wurden. Obwohl in bestimmten Regionen Frankreichs, zum Beispiel im südfranzösischen Toulouse, eigentlich unverzeihliche Ernährungssünden begangen werden – dieses Gebiet ist neben dem Wein vor allem wegen fetter Gänseleberpasteten bekannt –, zeigte ein weltweiter Vergleich der Weltgesundheitsorganisation, dass die Menschen in dieser Gegend zu den gesündesten zählten. Die Lösung dieses Rätsels zeigte den überraschten Medizinern eine ganz besondere Diät – die besonders dem Herzen wohltuende Mittelmeer-Diät: viel Gemüse und Hülsenfrüchte, Getreideprodukte, Obst und Käse, wenig Fleisch, viel Olivenöl und vor allem Wein.

Alkohol galt den Menschen einerseits immer schon als Gift und Teufelszeug, andererseits aber als Medizin, heiliger Trank oder Geschenk der Götter: „Trinke Wein und Du wirst gesund und glücklich", erkannte bereits Hippokrates, der große Medizinmann der Antike. Dieses Janusgesicht des Alkohols scheint nun auch die moderne Wissenschaft wiederzuentdecken. Nach langen Jahren der Verteufelung und harter Antialkoholhaltung wird in der Medizin immer deutlicher, dass dieser Stoff tatsächlich auch seine positiven Seiten hat – und dem menschlichen Wohlbefinden sehr dienen kann.

Wer trinkt, lebt jedenfalls länger: Der Befund, dass gesundes Genießen etwas mit Maß, aber nichts mit asketischem Verzicht zu tun hat, gilt ganz im Sinne der Mittelmeer-Diät auch für Alkohol. So bestätigt eine Langzeitstudie amerikanischer Epidemiologen mit tausenden alter Menschen, dass mäßige, aber regelmäßige Alkoholkonsumenten mit dreifach höherer Wahrscheinlichkeit „gesund altern", länger leben und seltener an Krankheiten leiden als Abstinenzler.

Alkoholgenuss ist jedoch streng auf das richtige Maß bezogen. Der gar nicht kleine Unterschied zwischen Trinken in mäßigen und unmäßigen Mengen entscheidet darüber, ob Alkohol als lebenserhaltende Medizin oder lebensbedrohliches Gift zu betrachten ist. Für mäßiges Trinken gilt bei den Medizinern folgender Richtwert in Bezug auf gesunde Erwachsene: Männer sollten täglich nicht mehr als 40 Gramm reinen Alkohol (entspricht knapp zwei Vierteln Wein oder zwei Flaschen Bier) zu sich nehmen, Frauen nicht mehr als 20 Gramm Alkohol.

Stresskiller Schlaf

„Schlafen ist Stressmedizin pur – es macht uns gesund und glücklich!“ Unter dieser Überschrift könnte man die Befunde der modernen Schlafforschung zusammenfassen. „Jeder Schlaf ist ein medizinisches Kunstwerk“, beschreibt der französische Schlafforscher Bruno Comby den Stand der Forschung. „Er ist eine Quelle von Gesundheit, Glück, Schönheit und langem Leben.“

Die Deutschen erquickt diese Glücksquelle allerdings nur mäßig. Abgesehen davon, dass wir alle mit knapp 6,5 Stunden täglich eine Stunde weniger schlafen als noch vor zwanzig Jahren, klagt etwa jeder Fünfte über regelmäßige Störungen seiner Nachtruhe. Jeder Zehnte gilt als behandlungsbedürftig aufgrund von Schlafstörungen, wobei Frauen doppelt so häufig unter chronisch gewordenen Ein- oder Durchschlafstörungen leiden wie Männer. Die Mediziner wissen, dass Schlafstörungen krank und unglücklich machen: Sie führen neben Leistungs- oder Konzentrationsschwächen zu ernsten Verstimmungen.

Mittlerweile greift jeder zehnte Bundesbürger zu Schlafmitteln. Schlafforscher haben aber erkannt, dass Medikamente kaum helfen, sondern den körperlichen und psychischen Stresspegel sogar noch erhöhen. Rein organische Ursachen für Schlafstörungen gelten als Ausnahme, auch Schichtarbeit oder nächtlicher Lärm als Auslöser kommen selten vor. Bei sieben von zehn Patienten sind vielmehr psychische oder psychosoziale Einflüsse wie depressive Störungen, Stress, Ängste und häufig ein falscher Lebensstil für schlechten Schlaf verantwortlich – etwa jeder zehnte Schlaflose trinkt zu viel Alkohol.

Wer nicht gut schläft, kann sich an den neuesten Empfehlungen der Amerikanischen Medizinergesellschaft AMA und der Deutschen Gesellschaft für Schlafforschung und

Schlafmedizin (DGSM) zur täglichen Schlafhygiene orientieren, um wieder besseren Schlaf zu finden.

Übung 11: Schlafhygiene – so schlafen Sie besser

Wie die praktische Alltagserfahrung der Schlaftherapie zeigt, können Sie bei vielen Schlafstörungen selbst etwas tun. Beachten Sie dabei folgende goldenen Regeln der Schlafhygiene:

- Das Schlafzimmer und das Bett sind dem Schlaf – und der Liebe – vorbehalten: Sie sollten hier nicht fernsehen, lesen, essen oder „melancholische Auszeiten“ nehmen! Gestalten Sie das Schlafzimmer angenehm und störungsfrei!
- Gehen Sie nur ins Bett, wenn Sie müde sind!
- Achten Sie auf einen regelmäßigen Tagesablauf (Mahlzeiten, Medikamente etc.) und stehen Sie täglich um die gleiche Uhrzeit auf – auch am Wochenende oder im Urlaub!
- Gewöhnen Sie sich Entspannungsrituale an, bevor Sie schlafen gehen – etwa ein Fußbad nehmen oder einen kleinen Spaziergang machen!
- Bewegen Sie sich regelmäßig, aber vermeiden Sie Sport in den drei Stunden vor dem Schlafen!
- Nehmen Sie keine koffeinhaltigen Getränke oder Nahrungsmittel in den sechs (!) Stunden vor der Bettruhe zu sich.
- Trinken Sie keinen Alkohol vor dem Schlafengehen oder wenn Sie müde sind!
- Halten Sie kein Nickerchen am Abend! Wenn Sie eine Auszeit nehmen, tun Sie dies immer zur selben Zeit (gilt nur, falls Sie Schlafprobleme haben!)

Die Experten raten zudem, auf die Ernährung zu achten und keine vollen Mahlzeiten kurz vor dem Schlafengehen zu essen. Sie empfehlen stattdessen Milch und Milchprodukte, da diese das besonders schlaffördernde Tryptophan enthalten.

Auch das mittägliche „Nickerchen“ spielt eine große Rolle: Lange Zeit belächelten hierzulande die Wissenschaftler den „Mittagsschlaf“ und hielten ihn für unwichtig. Doch hat die Medizin in den letzten Jahren erkannt, wie wichtig er für die Gesundheit ist. Wie Studien der Schlafmedizin bestätigten, kann sich der Organismus beim kurzen (nach-)mittäglichen Schlummer gründlich erholen und neue Kräfte entwickeln. Ein regelmäßiger Mittagsschlaf wirkt sehr entspannend und verbessert nachweislich nicht nur den allgemeinen Gesundheitszustand – körperliche Fitness und kognitive Fähigkeiten, vor allem das Gedächtnis –, sondern fördert unser emotionales Wohlbefinden.

So konnte Schlafforscher Comby bei regelmäßigen Mittags- oder Tagesschläfern vor allem gute Laune nachweisen: Geübte Mittagsschläfer fühlen sich nach dieser Pause in aller Regel entspannt und innerlich ruhig. Außerdem sind sie voll Harmonie: Bei vielen Meistern des Mittagsschlafs entsteht das Gefühl, „nie wieder Probleme zu haben“. Sie gehen aktiv mit ihren Problemen um und freundlich auf andere Menschen zu. Zu den glücksfördernden Merkmalen bei Mittagsschläfern zählen außerdem:

- *Entwicklung eines „Hyperbewusstseins“:* Sie verspüren im ganzen Körper eine angenehme und intensive Vitalität.
- *Verändertes Zeitempfinden:* Nach dem Mittagsschlaf erlebt der Mensch einen anderen Zeitrhythmus. Das Erleben wird langsamer und dadurch intensiver. Für viele Powerschläfer, stellt Comby fest, „erscheint jede Sekunde ereignisreicher“.
- *Aufmerksamkeit:* Nach einem guten Tagesschlaf sind alle Sinne geschärft.

Übung 12: Powerschlaf – vom Glück des Mittagsschlafs

Der französische Schlafforscher Bruno Comby, Direktor des Pariser Labors Orkos, hat eine eigene „Powerschlafkur“ entwickelt, um den Menschen zu zeigen, wie gut eine tägliche Kurzsiesta tut.

Wenn Sie ein „Meister des Mittagsschlafs“ werden wollen, sollten Sie sich nach den folgenden Regeln richten:

- Legen Sie eine verbindliche Dauer für Ihre „Powerschlafkur“ fest. Sie sollte mindestens acht Tage dauern, da der Organismus so lange braucht, um seinen Rhythmus umzustellen.
- Bestimmen Sie Ort und Zeit für das tägliche Nickerchen während Ihrer Kur. Am besten eignet sich der frühe Nachmittag, direkt nach dem Mittagessen. Falls dies aus beruflichen Gründen nicht möglich ist, wählen Sie eine bestimmte Zeit am späteren Nachmittag. Als „Kurort“ kommen ein Bett, eine Hängematte oder ein Sessel infrage.
- Legen Sie die ungefähre Dauer des Nickerchens fest. Ein gesunder Tages- oder Mittagsschlaf muss nicht lang sein – regelmäßigen Powerschläfern reicht häufig eine Viertelstunde. Während der Phase, in der die Technik des „Blitzschlafens“ noch nicht beherrscht wird, sollten zehn Minuten aber keinesfalls unterschritten werden. Der Schlafforscher rät zu einer Dauer von etwa dreißig Minuten.

Comby empfiehlt, die täglichen Powerschlafzeiten im Kalender festzuhalten: „14 Uhr: 20 Minuten Schlaf im Auto“ beispielsweise oder „17.30 Uhr: 40 Minuten Schlaf zu Hause vor dem Abendessen“.

Wer aus seinem Tagesschlaf aufwacht, sollte sich darüber hinaus ein Aufwachritual angewöhnen:

1. Sagen Sie zu sich selbst: „Heute ist ein guter Tag“.
2. Atmen Sie bewusst durch und bewegen Sie Hände und Füße.
3. Räkeln Sie sich sanft und atmen Sie nochmals tief durch.

Wie Combys Kollege, der Somnologe Daniel Courtz, nachweisen konnte, benötigen Menschen, die regelmäßig eine Siesta abhalten, auch absolut weniger Nachtschlaf. Es sei ein Mythos, so der Chef des Straßburger Instituts für Schlafforschung, dass der Mensch acht Stunden Schlaf brauche: entscheidend sei in erster Linie die Qualität des Schlafes, nicht die Quantität.

Für die Chinesen ist der Mittagsschlaf im Übrigen so wichtig, dass sie ihn in ihrer Verfassung verankert haben. Nach Artikel 49 hat jeder Chinese das Recht auf seine mittägliche Auszeit. Auch für den Pariser Schlafexperten gehört das Recht, ein Nickerchen zu halten, zum menschlichen Lebensglück. Da er die Siesta für unser leibseelisches Wohlbefinden für absolut notwendig hält, fordert der renommierte Wissenschaftler für die westlichen Industrienationen ausdrücklich eine „Charta des Mittagsschlafs".

Emotionale Intelligenz: das Glück spüren

Die emotionale Intelligenz (EQ) wurde in den letzten Jahren als Schlüssel zum Lebensglück und -erfolg entdeckt: Wer seine Gefühle – und damit sich selbst – im Griff hat, lebt besser. Wie der EQ-Forscher Daniel Goleman in vielen Management- und Unternehmensstudien herausfand, können emotional intelligente Menschen kognitive, intellektuelle Schwächen durch kluge Selbststeuerung und günstiges Beziehungsverhalten ausgleichen und sind im Berufsalltag vielen IQ-Kapazitäten überlegen.

In der Emotionspsychologie gilt das Glücksgefühl als primäre oder unwillkürliche Reaktion des Menschen – wie Freude, Trauer, Furcht, Wut, Überraschung und Ekel. Dies sind angeborene Reaktionsmuster, die in allen Kulturen gleich

ablaufen. Dabei ist es wichtig, zwischen Emotion und Stimmung zu unterscheiden:
Während eine Stimmung Stunden, Tage oder noch länger anhält, dauern primäre Emotionen nur wenige Sekunden. Danach wären Freude oder Euphorie als „Sekundenglück" zu verstehen, „Lebensglück" oder die Freude über ein erfülltes Leben allerdings als eine sehr viel mächtigere Empfindung des Daseins zu begreifen.

Daniel Goleman legte nach Auswertung seiner Erkenntnisse fünf Dimensionen der emotionalen Intelligenz fest. Dazu gehören im Einzelnen:

- *Selbstbewusstsein:* Die Fähigkeit eines Menschen, seine Stimmungen, Gefühle und Bedürfnisse zu akzeptieren, zu verstehen *und* gleichzeitig deren Wirkung auf andere einschätzen zu können.
  Charakteristische Merkmale emotional selbstbewusster Menschen: Selbstvertrauen, realistische Selbsteinschätzung und selbstironischer Humor.
- *Selbststeuerung:* Die Fähigkeit, „kurzschlüssige", jähzornige Impulse oder Stimmungen zu kontrollieren oder umzuleiten; die Tendenz, Urteile reifen zu lassen und erst zu denken, bevor man handelt, ist ausgeprägt.
  Merkmale: Integrität, Glaub- und Vertrauenswürdigkeit; Offenheit gegenüber Veränderungen und die Fähigkeit, mit unklaren oder mehrdeutigen Situationen umgehen zu können.
- *Motivation:* Ziele ausdauernd, mit Hingabe und Begeisterung verfolgen zu können – unabhängig von finanziellen oder Statusanreizen.
  Merkmale: Hohe Leistungsbereitschaft; Optimismus, auch wenn einmal etwas schief geht; im Beruf: Identifizierung mit dem Unternehmen.

- *Empathie:* Die Fähigkeit, sich auf andere Menschen einzulassen, ihre emotionalen Befindlichkeiten zu verstehen und angemessen darauf zu reagieren.
  Merkmale: Erkennen und Fördern der Fähigkeiten anderer Menschen; im Berufsleben: Dienst am Kunden und Geschäftspartner.
- *Soziale Kompetenz:* Die Fähigkeit, Kontakte und tragfähige Beziehungen zu knüpfen, um ein kluges Beziehungsmanagement aufzubauen.
  Merkmale: Überzeugungskraft und das Wissen, wie man andere für einen neuen Weg gewinnt; die Kompetenz, Teams zu bilden und zu führen.

Im Konzept der emotionalen Intelligenz kommt der Persönlichkeit eine herausragende Bedeutung zu. „Es gibt ein altmodisches Wort für die Gesamtheit der Fähigkeiten der Intelligenz der Gefühle: Charakter“, formuliert Goleman seine wichtigste Einsicht.

Um sich emotional intelligent verhalten zu können, sollte man also die gesamte Klaviatur der Emotionen beherrschen und seinen Gefühlen gegenüber sensibel, aufmerksam und bewusst sein. Im Wesentlichen kommt es also darauf an, auf die eigenen Gefühle zu achten, sie richtig wahrzunehmen und weder vor sich noch vor anderen irgendwelche Fassaden aufzubauen. Als Faustregel gilt daher: Erlebe Gutes – natürlich auch Schlechtes – sehr bewusst und sprich darüber. In Bezug auf die Gesundheit ist es von besonderer Bedeutung, belastende Gefühle rechtzeitig und angemessen auszudrücken und auf diese Weise dem Stress seinen giftigen Stachel zu ziehen.

Wenn Sie möchten, können Sie mit dem folgenden Test „Wie hoch ist Ihr EQ?“ Ihre emotionalen Qualitäten prüfen und kennen lernen. Der „EQ-Test“ wurde von Daniel Goleman für die UNTE-Cyberuniversität entwickelt.

Test 2: Wie hoch ist Ihr EQ?

Nehmen Sie sich Zeit und konzentrieren Sie sich. Versuchen Sie sich die geschilderten Situationen so genau wie möglich vorzustellen, um herauszufinden, was Sie wirklich tun würden. Antworten Sie ehrlich und suchen Sie nicht die vermeintlich richtige Lösung.

1. Während eines Flugs geraten Sie in ernsthafte Turbulenzen, das Flugzeug wird hin- und hergeschüttelt. Wie verhalten Sie sich?
   a) Ich versuche nicht darauf zu achten und lese weiter oder konzentriere mich auf den Film.
   b) Ich bereite mich auf einen Notfall vor, beobachte die Stewardessen und beginne die Instruktionen zu lesen.
   c) Eine Mischung aus a. und b.
   d) Weiß nicht – habe so etwas noch nie erlebt.
2. Sie sind mit einer Gruppe von vierjährigen Kindern im Park, als plötzlich eines davon zu weinen beginnt, weil die anderen nicht mehr mit ihr/ihm spielen wollen. Was machen Sie?
   a) Sie halten sich raus – die Kids sollen das selbst regeln.
   b) Sie sprechen mit dem Kind und zeigen ihm Wege, wie die anderen doch mit ihm spielen können.
   c) Sie machen dem Kind freundlich aber bestimmt klar, nicht so zu schreien.
   d) Sie versuchen das Kind abzulenken und zeigen ihm Dinge, mit denen es spielen könnte.
3. Nehmen Sie an, Sie haben als Student in einer Seminararbeit auf eine hervorragende Note gehofft, tatsächlich aber nur schwach abgeschnitten. Was machen Sie?
   a) Sie entwickeln einen Plan, wie Sie sich verbessern können, und versprechen sich, ihn einzuhalten.

b) Sie entschließen sich, es in Zukunft besser zu machen.
c) So wichtig war das Seminar auch wieder nicht, sie konzentrieren sich stattdessen in Zukunft auf Fächer, in denen sie besser sind.
d) Sie sprechen mit dem Professor und versuchen ihn davon zu überzeugen, dass Sie wirklich besser sind.

4. Stellen Sie sich vor, Sie wären ein Versicherungskaufmann und versuchen mittels Telefon-Clienting neue Kunden zu werben. Nachdem 15 Personen nacheinander den Hörer aufgelegt haben, merken Sie, wie entmutigt Sie nun sind. Was machen Sie?
   a) Nicht Ihr Tag heute – morgen gilt wieder: neuer Tag, neues Glück!
   b) Sie haben etwas falsch gemacht und müssen herausfinden, welche Fähigkeiten oder Kompetenzen Sie zu wenig entwickelt haben, um erfolgreich verkaufen zu können.
   c) Beim nächsten Anruf versuchen Sie etwas ganz Neues.
   d) Sie sollten sich einfach einen neuen Job suchen.
5. Sie sind Manager in einer „helfenden Institution“, die sich für die multikulturelle Entwicklung der Gesellschaft und die Integration ausländischer Mitbürger einsetzt. Zufällig hören Sie, wie einer Ihrer Mitarbeiter einen schlechten Türkenwitz erzählt. Was machen Sie?
   a) Ignorieren – es ist nur ein schlechter Witz.
   b) Sie zitieren den Mitarbeiter in Ihr Büro und weisen ihn zurecht.
   c) Sie schreiten sofort ein und machen deutlich, dass solche Witze mehr als unangemessen seien und in Ihrem Hause nicht toleriert werden können.
   d) Sie schlagen dem Mitarbeiter vor, eine soziale Weiterbildung mitzumachen.
6. Sie versuchen einen Freund zu beruhigen, der sich äußerst heftig über einen anderen Autofahrer aufregt, der

ihn kurz zuvor in eine gefährliche Situation gebracht hatte. Was machen Sie?

a) Er soll es einfach vergessen. Ihm ist nichts passiert und so wichtig ist das Ganze auch wieder nicht.
b) Sie legen eine seiner Lieblingsscheiben auf und versuchen ihn abzulenken.
c) Sie versprechen Ihrem Freund dabei zu helfen, den anderen fertig zu machen und ihm zu zeigen, dass es so nicht geht.
d) Sie erzählen ihm, dass Ihnen auch schon so etwas passiert ist und Sie sich genauso geärgert haben, bis Ihnen klar wurde, dass der andere auf dem Weg in die Notaufnahme des nächsten Krankenhauses war.

7. Eine Meinungsverschiedenheit mit Ihrem Partner hat sich zu einem handfesten Krach ausgeweitet. Nun sind Sie beide sehr aufgebracht und Sie merken, dass Sie in der Hitze des Gefechts zu persönlichen Attacken neigen, die Sie eigentlich gar nicht so meinen. Was ist das Beste?
   a) Sie vereinbaren eine 20-minütige Auszeit und diskutieren danach weiter.
   b) Sie hören einfach auf zu streiten und bleiben ganz ruhig, egal was Ihr Partner sagt.
   c) Sie entschuldigen sich und fordern von Ihrem Partner dasselbe.
   d) Sie halten einen Moment inne, sammeln Ihre Gedanken und erläutern dann die Aspekte des Ganzen so genau, wie Sie können.
8. Sie sollen im Betrieb eine Arbeitsgruppe leiten, die neue Lösungen zu einem faktisch schwierigen Problem entwickeln muss. Was machen Sie zuerst?
   a) Sie formulieren einen detaillierten Plan und lassen die einzelnen Punkte ausführlich diskutieren.

b) Sie lassen den Teammitgliedern viel Zeit, um sich einfach kennen zu lernen.
c) Sie fragen jeden Einzelnen nach seinen Ideen und lassen diese diskutieren.
d) Sie beginnen mit einem Brainstorming und ermutigen jeden zu sagen, was auch immer ihm in den Sinn kommt.

9. Ihr drei Jahre alter Sohn ist sehr schüchtern und reagiert seit seiner Geburt auf alle neuen Menschen oder Situationen hypersensibel und ausgesprochen ängstlich. Was machen Sie?
   a) Sie akzeptieren sein scheues Temperament und versuchen, ihn zukünftig besser vor Situationen zu schützen, die ihm nicht behagen.
   b) Sie gehen mit ihm zu einem Kinderpsychologen.
   c) Sie versuchen ihn von nun an bewusst mit vielen unbekannten Menschen oder Situationen zu konfrontieren, damit er seine Angst überwinden lernt.
   d) Sie entwickeln eine Reihe von herausfordernden, aber für ihn noch lösbaren Situationen, damit er erfährt, dass er mit neuen Menschen und Orten umgehen kann.
10. Seit Jahren wollten Sie wieder damit anfangen, das Lieblingsinstrument Ihrer Kindheit zu spielen. Nun ist es so weit – Ihre knappe Zeit wollen Sie aber effektiv nutzen. Was machen Sie?
   a) Sie halten sich an einen genau festgelegten täglichen Übungsplan.
   b) Sie wählen nur Stücke, die Ihre Fähigkeiten fordern, aber nicht überfordern.
   c) Sie spielen nur, wenn Sie Lust dazu haben.
   d) Sie spielen nur die einfachen Stücke, die Sie wirklich können.

Auswertung

Addieren Sie die Punktwerte aus allen Fragen.

1. a = 20, b = 20, c = 20, d = 0
   Alles außer d – denn die Antwort verweist auf einen Mangel an Gespür für stressige Situationen.
2. a = 0, b = 20, c = 0, d = 0
   Antwort b ist die beste. Emotional intelligente Eltern nützen Krisen ihrer Kinder, um sie gefühlvoll zu coachen: Sie helfen ihnen, sich darüber klar zu werden, was sie so aufbrachte, was sie fühlen und welche Alternativen sich in einer Situation anbieten.
3. a = 20, b = 0, c = 0, d = 0
   Antwort a: Ein wichtiges Zeichen dafür, sich selbst motivieren zu können, ist die Fähigkeit, einen Plan zu fassen, um Hindernisse und Frustrationen zu überwinden – und ihn auch umzusetzen.
4. a = 0, b = 0, c = 20, d = 0
   Antwort c: Optimismus als wichtiger Aspekt emotionaler Intelligenz führt die Menschen dazu, Rückschläge als Herausforderungen zu begreifen, aus denen sie lernen können, neue Wege zu beschreiten. Pessimisten dagegen neigen dazu aufzugeben, sich selbst Vorwürfe zu machen oder zu resignieren.
5. a = 0, b = 0, c = 20, d = 0
   Antwort c: Der effektivste Weg, um eine offene, pluralistische Atmosphäre zu schaffen, besteht darin, in aller Öffentlichkeit deutlich zu machen, dass Ihre Organisation solche Witze oder Anspielungen nicht tolerieren kann. Anstatt die Leute dazu zu bringen, ihre Vorurteile abzulegen, ist es oft einfacher, entsprechende Verhaltensweisen deutlich abzulehnen.

6. a = 0, b = 5, c = 5, d = 20
   Antwort d: Die Forschung zeigt, dass man einen aufgebrachten, wütenden Menschen am besten beruhigt, indem man ihn von der Ursache ablenkt, seine Gefühle und Sichtweisen versteht und ihm eine weniger stressige Perspektive vermittelt.
7. a = 20, b = 0, c = 0, d = 0
   Antwort a: Legen Sie eine mindestens 20-minütige Pause ein. So lange brauchen Sie, bis sich Ihr Organismus vom physiologischen Stress erholt hat. Während der Stressattacke ist Ihre Wahrnehmung getrübt und Sie neigen zu allzu impulsiven Handlungen. Wenn Sie wieder eine gewisse Normalität erreicht haben, sind die Voraussetzungen für eine konstruktive Diskussion viel besser.
8. a = 0, b = 20, c = 0, d = 0
   Antwort b: Kreative Gruppen sind am leistungsfähigsten, wenn sich ihre Mitglieder sehr wohl fühlen – denn so befreit kann jeder Einzelne sein Bestes einbringen.
9. a = 0, b = 5, c = 0, d = 20
   Antwort d: Kinder werden trotz eines angeborenen introvertierten Temperaments offener und extrovertierter, wenn ihre Eltern ihnen helfen, durch lösbare Aufgaben und Anforderungen ihre Schüchternheit zu überwinden.
10. a = 0, b = 20, c = 0, d = 0
    Antwort b: Indem Sie sich selbst moderaten Herausforderungen stellen, kommen Sie am wahrscheinlichsten in den Flow.

Ihr EQ-Wert gibt Ihnen einen Hinweis darauf, für wie emotional intelligent Sie sich im Vergleich mit vielen anderen Menschen einschätzen dürfen. Die Skala:

200	Hoch entwickelte emotionale Qualitäten
175	
150	
125	
100	Durchschnitt
75	
50	
25	
0	Am besten, Sie versuchen es morgen noch einmal.

Die Happyologie und Forschung zum menschlichen Wohlbefinden zeigt, dass sich emotional intelligente Menschen im Allgemeinen auch mit dem Glück einfacher tun. Insgesamt orientiert sich eine emotional reife Persönlichkeit an einigen existenziellen Prämissen, wie ein glückliches, „gutes“ und stressarmes Leben zu gestalten ist:

1. *„Sinn-Pflege“*
   In seinen Erfahrungen Sinn erkennen und empfinden; emotional intelligente Menschen haben innere Werte entwickelt, die ihnen in einer unsicheren Welt emotionale Stabilität verleihen. Sie verfolgen konzentriert ihre Ziele, können Kontrolle ausüben und wissen, dass sie Anerkennung finden.
2. *Beziehungskultur*
   Der Aufbau und die Pflege emotional befriedigender Beziehungen zu anderen spielt in allen happyologischen Befunden eine zentrale Rolle. Der emotional intelligente und glückliche Mensch versteht es, menschliche Beziehungen als eine der wichtigsten Glücks- und Flowquellen überhaupt in einem besonderen Maße zu nutzen und sie konstruktiv, respektvoll und freundlich zu gestalten.
   „Das Glück ist die Göttin der lebendigen Menschen“, beschrieb Goethe diesen Glücksaspekt, „und um ihre Gunst

wahrhaft zu empfinden, muss man leben und Menschen sehen, die sich recht lebendig bemühen.“ Wer seine Gefühle im sozialen Umgang nur unangemessen oder gar nicht zeigen kann, dem fehlen wesentliche Mittel der Kommunikation, des emotionalen Austauschs und der Bindung. Doch gerade dies sind wichtige Grundlagen für das leibseelische Wohlergehen. Umgekehrt gelingt es emotional intelligenten Menschen, ein soziales Netz aufzubauen, das unter belastenden Lebensbedingungen als Puffer bei Stress wirkt und ungesunde Einflüsse mildert.

3. *Positives Selbstwertgefühl*
   Emotional intelligente Menschen können nicht nur mit anderen gut umgehen, sie haben auch eine gute Meinung über sich selbst. Dabei sind sie nicht unkritisch und kennen ihre Schwächen – vielmehr sind sie sich aber ihrer Stärken bewusst.

Eine besondere Rolle für das Wohlergehen spielt zudem der Aspekt *Lustempfinden maximieren, Schmerzhaftes minimieren.* In der Medizin und Stressforschung gilt nämlich mangelnde emotionale Intelligenz als ein gesundheitlicher Risikofaktor, wie es beispielsweise der Medizinpsychologe Harald Traue formuliert: Wie wir mit unseren Gefühlen umgehen, kann unserer Gesundheit und unserem Glück ebenso förderlich sein wie schaden.

So zeigt die Stressforschung, wie stark sich emotionale Prozesse etwa auf das gesamte Immun- und Hormonsystem auswirken. Analysen verdeutlichen, dass vor allem die Stressreaktionen sehr viel genauer als psychische und physische Vorgänge bestimmter Emotionen wie Angst, Nervosität, Furcht oder Sorgen verstanden werden müssen. Denn dieser „emotionale Stress“ macht krank: Werden Anspannung und emotional bedingter Stress chronisch, können sie den Organismus dramatisch schwächen – ob bei Herz-

Kreislauf-Problemen, Allergien, Burn-out, Schlafstörungen oder anderen Erkrankungen.

Auch das beliebte „positive Denken“ ist bei Schmerzen psychologisch gesehen nicht die ganze Lösung, so der amerikanische Schmerzforscher Peter Staats. Schmerzpatienten und Schmerzmediziner sollten sich vielmehr bewusster mit der bisher weitgehend vernachlässigten *positiven Kraft der Gefühle* beschäftigen. In vielen Untersuchungen konnte der Medizinprofessor von der Johns Hopkins Universität nachweisen, wie sehr positive Emotionen vor allem auch bei chronischen Schmerzen helfen – auf Dauer senken sie den Medikamentenbedarf und fördern die Heilung. Es zeigte sich, dass Wut, Ärger oder depressive Verstimmungen die Qualen verstärken, während etwa Gelassenheit oder andere, „helle“ emotionale Lebenseinstellungen stark mildernd wirken können.

Staats rät den Betroffenen zu einem emotional intelligenten Umgang mit Schmerz.

- Vermeiden Sie vor allem belastende Selbstgespräche und Verhaltensweisen: Machen Sie sich nicht zum Märtyrer – sowohl Selbstmitleid als auch andauerndes Klagen über den Schmerz verschlimmert die Entwicklung.
- Achten Sie auf positive Kleinigkeiten im Alltag: Lernen Sie, sich an vermeintlich unwichtigen Dingen zu erfreuen – und loben Sie sich, wenn Sie es geschafft haben, auf Ihren Körper zu hören.
- Denken Sie öfter bewusst an Dinge, die Sie glücklich machen: Das können auch „Glücksbegriffe“ sein wie „Sex“, „Erdbeeren“ oder „Eiscreme“ und so weiter.
- Legen Sie Wert auf feste Auszeiten: Machen Sie alles, was Ihnen Spaß macht. Schauen Sie sich beispielsweise Ihre Lieblingsfilme an, gehen Sie mit Freunden essen oder widmen Sie sich Ihrem Hobby.

- Entspannen Sie sich regelmäßig: Alle Entspannungsmethoden vermindern Stress oder Angst und fördern das emotionale Wohlbefinden. Finden Sie heraus, welche Entspannungsverfahren Ihnen gut tun, und integrieren Sie diese in Ihren Alltag.

Staats betont, dass man dabei auch auf depressive Verstimmungen und Entwicklungen achten sollte: Suchen Sie bewusst Unterstützung bei Freunden oder nehmen Sie professionelle Hilfe in Anspruch, wenn Sie den „Blues" nicht mehr alleine bewältigen können.

Die gesunde Kraft der Gefühle dürfe nämlich keineswegs als Wundermittel missverstanden werden, so die Ausführungen Staats': Es gehe auch nicht so sehr um einzelne Emotionen, sondern um eine emotional positivere Grundstimmung im alltäglichen Leben.

Übung 13: Hilfen zur Selbsthilfe

Zur gezielten Förderung der emotionalen Qualitäten können Sie sich für einen stressfreieren und glücksförderlichen Alltag an folgenden Hilfen zur Selbsthilfe der EQ-Schulung orientieren.

1. *Eigene Gefühle verstehen:* Gewöhnen Sie sich ganz bewusst an, täglich zu einer bestimmten Zeit – in der Mittagspause oder am Feierabend – einen Gefühlscheck zu machen: Wie geht es Ihnen? – Genau? Wie stark oder schwach ist Ihre Müdigkeit, Freude oder der Ärger? Beschreiben Sie sich selbst detailliert und nuanciert Ihre Stimmung – nicht einfach nur mit gut oder schlecht. Warum geht es Ihnen so? Wieso reagierten Sie mit diesen Emotionen? Machen Sie sich neben der Gefühlsintensität auch die Gesamtsituation bewusst: Was waren die Auslöser? Wie werden Sie in Zukunft in solchen Situationen reagieren?

Führen Sie ein EQ-Tagebuch über Ihre Stimmungen. Versuchen Sie, die emotionalen Muster und Rhythmen Ihres Lebens zu erkennen.

2. *Emotionsmanagement:* Entspannen Sie sich regelmäßig. Lernen Sie autogenes Training oder eine andere Entspannungsmethode. Üben Sie gezielt, in stressigen Situationen so entspannt wie möglich zu bleiben. Versuchen Sie, sich bewusst – oder mental – gezielt zu trainieren: Stellen Sie sich die Situation vor, in der Ihr letzter Wutausbruch oder ähnliche „Entgleisungen" entstanden sind. Was werden Sie in Zukunft anders machen? Wie werden Sie das erreichen?
3. *Empathie und soziale Beziehungen:* Trainieren Sie in Gesprächen, die nonverbalen Signale des Anderen bewusst zu beobachten, und überprüfen Sie Ihre Deutung durch Rückfragen.

Werden Sie ein wirklich guter Zuhörer: Konzentrieren Sie sich auf die Anderen und prüfen Sie, ob Sie den Partner oder Kollegen auch wahrnehmen und verstehen.

Feedback: Gewöhnen Sie sich an, dem Anderen rückzumelden, was Sie verstanden haben: „Du meinst also ...", „Wenn ich Dich richtig verstehe ....". Lassen Sie dabei Ihre Gefühle sprechen – und loben Sie öfter! („Das gefällt mir", „Nach meinem Gefühl ist das wirklich Klasse" etc.)

Prüfen Sie auch, ob Sie genug für Ihre privaten und beruflichen Beziehungsnetze tun: Wie oft melden Sie sich bei Betriebskollegen oder Freunden, ohne etwas von ihnen zu wollen? Wann haben Sie Ihren besten Freund zum letzten Mal zum Essen eingeladen?

In der bewussten Entwicklung der emotionalen Intelligenz spielt zudem die *Impulskontrolle* eine entscheidende Rolle. Goleman rät, gewissermaßen als erste Faustregel für einen EQ-förderlicheren Alltag, sehr bewusst die eigenen affektiven Impulse zu kontrollieren und mit Gefühlen frustrationstoleranter und selbstdiszipliniert umzugehen. Das bedeutet: keine Chips, kein Eis, kein Ärgeranfall, keine Zigarette oder einfach Fernsehen, weil Sie sich gerade gestresst oder frustriert fühlen. Stattdessen sollten Sie bewusst und sensibel in sich hineinhören, was Ihnen nun wirklich gut tut. Wenn es dann tatsächlich die Chips sind – in Ordnung. Aber genießen Sie sie sehr bewusst und achtsam.

Wie die Erfahrung zeigt, ist diese Impulskontrolle rascher durch Übung zu realisieren, als viele glauben. Und: Diese Alltagsübung verschafft mehr Freude und Glücksempfindungen als der schnelle Konsumkick. Probieren Sie es einfach aus!

Humor: Glücksfall Lachen

Auch wenn uns im Leben oft das Lachen vergeht: Wir sollten trotz aller Irrungen und Wirrungen versuchen, mit Humor zu reagieren. „Lachen ist gesund" – diese Weisheit hat die moderne Humorforschung und die Gelotologie (Lehre und Erforschung des Lachens; griech.: *gelos*, Gelächter) in den letzten Jahren eindrucksvoll bestätigt. Wer über sich selbst lachen kann, tut seinem Gefühlshaushalt und seinem gesamten Wohlbefinden sehr viel Gutes. Ein Lächeln kann dem Alltagsstress oft seinen giftigen Stachel nehmen. Humor hält uns gesund und macht uns glücklich.

Zu den gelotologischen Essentials zählt mittlerweile, dass die neurohormonelle *Lachreaktion* körpereigene Endorphine freisetzt, die das Immunsystem stärken, Stress abbauen und das leibseelische Allgemeinbefinden fördern. Herzhaftes Gelächter etwa wirkt auf den Organismus ähnlich positiv wie ein halbstündiger Dauerlauf, da beim Lachen exakt 230 von insgesamt 640 Muskeln aktiviert werden.

Physiologisch vitalisiert Lachen auf vielen Ebenen. So fand Harvard-Psychologe David McClelland heraus, dass sich bei Versuchspersonen, die einen glücksfördernden, humorvollen Film über Mutter Teresa gesehen hatten, ein deutlich höherer Spiegel so genannter IgA-Antikörper (Immunglobulin A) nachweisen ließ.

Die Immunabwehr hatte sich auch bei jenen verbessert, die Mutter Teresa intellektuell ablehnten. Als man den Versuchspersonen aber Filme über Gewalt, Hoffnungs- und Hilflosigkeit zeigte, fielen ihre Antikörperwerte.

Diese und viele andere Studien zeigen, dass Humor, Freude und Gelächter die wichtigsten physiologischen Systeme stärken: Neben der Körpermuskulatur aktiviert Lachen das Herz-Kreislauf-System, die Atmung und Durchblutung, das zentrale Nervensystem und das Gehirn, die Skelettmuskulatur und das Immun- wie Hormonsystem. Zudem regt es die Verdauung an, mildert Kopf- oder Rückenschmerzen genauso wie Atembeschwerden und wirkt gleichzeitig entspannend. Kurz gesagt: Lachen ist nicht nur gesund – es ist eine Glücksdroge.

Dass Humor als wahrer Glücksfall verstanden werden muss, dokumentieren vor allem die Studien, in denen seine Wirkung als starkes Angstmittel und Antidepressivum nachgewiesen werden konnte: Humor verhindert depressive Entwicklungen und hilft direkt gegen emotionale Verstimmungen oder Ängste. Er hellt nicht nur die trübe Laune vorübergehend auf, sondern trägt dazu bei, dass sich viele Menschen wieder sehr viel besser und glücklicher fühlen.

Stressbewältigung: Ein gut entwickelter Sinn für Humor wirkt bei kritischen Lebensereignissen und stressvollen Erfahrungen positiv. Humorvolle Menschen können mit belastenden Situationen insgesamt besser umgehen, da sie ihnen letztlich nicht so an Herz und Nieren gehen wie anderen. Ihre gelassene und heitere Haltung hilft ihnen eben auch unter widrigen Lebensumständen.

Soziale Kompetenz: Humorvolle Menschen haben im Allgemeinen gut entwickelte emotionale Fähigkeiten, die ihnen helfen, sich anderen gegenüber zu öffnen und ihre Beziehungen angenehm und förderlich zu gestalten. Vor allem im Jugendalter ist Humor eine wichtige Größe, um zwischenmenschliche sowie entwicklungsbezogene Konflikte konstruktiv zu bewältigen und ein positives Selbstwertgefühl aufzubauen. Die Befunde sind so deutlich, dass der Sozialpsychologe und Gelotologe Rod A. Martin einen schulischen Erziehungsstil fordert, der den jugendlichen Sinn für Humor bewusst fördert.

Haben Frauen und Männer unterschiedlichen Humor? Erleben sie ein anderes Glück des Lachens? Einige Befunde zeigen, dass Frauen zwar in ihrem zwischenmenschlichen Verhalten deutlich weniger Humor zeigen als Männer, also etwa seltener Witze erzählen oder im Büro eine heitere Stimmung schaffen. Sehr viel öfter als Männer nützen sie allerdings die entspannende oder angstlösende Wirkung des Humors, um Stress oder Konflikte zu bewältigen.

In einem Aspekt sind sich Männer und Frauen dagegen vollkommen gleich: Je humorvoller sie sind, desto stärker neigen sie zu einer glücksoffenen Laisser-faire-Haltung und empfinden Ordnung nicht als wichtigsten aller Werte. Ebenso gilt für beide Geschlechter: Je älter Männer und Frauen werden, desto mehr Humor entwickeln sie.

In der Praxis des therapeutischen Humors orientieren sich immer mehr Therapeuten unterschiedlicher Schulen, Ärzte und andere Mitglieder pflegender Berufe an einschlägigen Konzepten der verschiedenen „Humortechniken“. Diese Entwicklung begann, als der amerikanische Psychotherapeut Frank Farelly in den achtziger Jahren seine humorzentrierte *Provokative Therapie* in der Therapieszene etablierte. Mittlerweile spricht vieles dafür, dass Humor als ein übergeordneter und allgemeiner Wirkfaktor der Psychotherapie und medizinischen Behandlung gewertet werden kann: Therapeutischer Humor hat sich zum Beispiel in der Notfallmedizin ebenso bewährt wie in der Stottertherapie.

Im klinischen Bereich wird therapeutischer Humor in den USA inzwischen so ernst genommen, dass seine Verbreitung und diesbezügliche Schulungen von mehreren großen Institutionen wie der *American Association for Therapeutic Humor,* dem *Humor Project*, der *International Laughter Society* oder dem Washingtoner *Gesundheit Institute* des Clown-Docs Patch Adams organisiert werden. (Dem Wirken Patch Adams widmete sich bekanntlich auch Hollywood mit ebenso großem Erfolg.) In Europa wurde vor allem die 1991 gegründete *Laughter Clinic* in Birmingham bekannt. Lachschulen und ähnliche Einrichtungen gibt es außer in den USA und England vor allem in Indien, Japan, den Niederlanden und der Schweiz.

Dem therapeutischen Humor wird auch in den Wirtschaftsunternehmen immer mehr Bedeutung beigemessen.
Etwa seit Mitte der neunziger Jahre schicken US-Firmenleiter ihre Mitarbeiter in Humor-Workshops oder lassen sich von Humorberatern den Weg weisen. Und auch deutsche Manager schätzen mittlerweile die positiven Aspekte eines humorvollen Betriebsklimas in ihren Unternehmen. Empirische Daten bestätigen, dass humorgeschulte Mitarbeiter bei ihren alltäglichen Pflichten in aller Regel gelassener, kommunikativer und vor allem kreativer sind als ihre Kollegen. Einschlägig geschulte US-Firmen arbeiten mittlerweile mit einem hauseigenen *fun committee* und schicken ihre Angestellten zur entspannenden Pause in *humor rooms.*

Hierzulande etabliert sich allmählich ebenfalls eine Humorbewegung. Private Lachklubs entstehen, Humorberater werden in Unternehmen oder therapeutische Clowns für Kinder in Krankenhäusern eingesetzt. Darüber hinaus hat sich das therapeutische Lachen nun auch in Altersheimen und Sanatorien für Demenzpatienten durchgesetzt. So behandelt etwa die Lachtherapeutin Gudula Steiner-Junker im Itzel-Sanatorium in Bonn-Oberkassel ihre Alzheimerpatienten mit der umfassend wirkenden Heilkraft des Humors.

Medizinprofessor Rolf Hirsch, Chefarzt des Bonner Gerontopsychiatrischen Zentrums, therapiert seine Patienten schon seit längerem in eigenen „Humorgruppen für Betagte". Die älteren Heimbewohner treffen sich regelmäßig, um sich Witze zu erzählen, vor dem Spiegel Grimassen zu ziehen, in Rollenspielen über alltägliche Missgeschicke zu lachen oder um sich über den quietschenden, brummenden oder sonst wie schräg überraschenden Sack voller Scherzartikel zu freuen. Im Rahmen seines innovativen Gesamtkonzepts ließ Hirsch in der Klinik auch Humorkorridore, Lachzimmer und eine Lachbibliothek einrichten. Mit Erfolg: Wie begleitende Erhebungen bestätigen, sank die verbreitete Depressivität der alten Menschen in den Humorgruppen deutlich. Wie sehr die neue Therapie die Lebensqualität und Lebensfreude der Heimbewohner fördert, zeigt die Tatsache, dass sie auch wieder gut schlafen können, seit sie sich in ihren Therapiegruppen so richtig über das schlafraubende Grübeln lustig gemacht haben.

Im Folgenden finden Sie einige bewährte Anregungen und Hilfen, wie Sie Ihren Sinn für Humor praktisch fördern und sich mit diesem besonderen Glücksbringer vertraut machen können. Da gerade hier gilt, nicht alles immer allzu ernst zu nehmen, sollten Sie sich auch gelegentliche Fehler zugestehen. Obwohl Lachen oder Humor in vielen Situationen tatsächlich die beste Medizin ist, versagt auch diese Arznei manchmal – oder hat Nebenwirkungen.

Übung 14: Ihr ganz persönliches Humorseminar

Die Anleitung zur Förderung von humorvollen Einstellungen und Verhaltensweisen beruft sich auf einschlägige Erfahrungen der professionellen Humorpraxis, wie sie im deutschsprachigen Raum vor allem der Humorforscher und -therapeut Michael Titze dokumentiert hat. Beginnen Sie mit der Übung in Sachen Humor, die Ihnen intuitiv am sinnvollsten erscheint:

1. *Humorstudium:* Beobachten Sie zwei Wochen lang, worüber Sie selbst und andere Menschen sich amüsieren. Formulieren Sie Ihre Beobachtungen schriftlich! Wenn Sie diese Übung konsequent durchführen, verändert sich der Fokus Ihrer Aufmerksamkeit: Sie werden bewusst wahrnehmen, wann, wie und worüber Sie selbst und Ihre Mitmenschen lächeln, schmunzeln, grinsen oder lachen. Achten Sie insbesondere auf Worte, Tonfall, Mimik und Gesten, wenn eine komische Geschichte oder ein Witz erzählt wird.
2. *Humorressourcen:* Legen Sie eine Humorbibliothek an, in der Sie alles sammeln, was Sie zum Lachen bringt – Redewendungen, Reime, Witze oder Anekdoten, Ihre Lieblingsbücher, -videos oder -briefe. Werden Sie zum Stammkunden Ihrer Humorbibliothek, um sich ab und an in gute Stimmung zu bringen.
3. *Humorgedächtnis:* Entspannen Sie sich und vergegenwärtigen Sie sich Situationen in Ihrem Leben, in denen Sie als Kind, Jugendlicher und Erwachsener herzhaft gelacht oder besonders witzig, spielerisch oder humorvoll reagiert haben. Machen Sie sich alle Facetten dieses besonderen Erlebnisses bewusst: Wie fühlten Sie sich damals genau? Was kennzeichnete die besondere Atmosphäre?
4. *Humoreske Übertreibung:* Konzentrieren Sie sich auf ein nicht ganz so großes Problem Ihres Alltags. Beschreiben Sie zunächst ernsthaft, was Sie stört oder

belastet. Wenn Sie beispielsweise mit Ihren schriftlichen Büroarbeiten nicht richtig vorankommen, versuchen Sie nun, dieses Problem maßlos zu übertreiben und zu dramatisieren: Machen Sie aus einem Maulwurfshügel einen riesigen Berg! Übertreiben Sie nicht nur mit Worten, sondern auch mimisch und gestisch so, als ob ein miserabler Schauspieler aus diesem Problem eine Schmierenkomödie macht: „Die unerledigten Akten liegen vor mir wie ein Berg – wie ein Gebirge, wie der Himalaja! Ein Himalaja unbearbeiteter Akten, die auf mich einstürzen und mich erschlagen. Und wenn ich doch überleben sollte, werde ich damit auf Jahre hinaus nicht fertig – ich werde nicht mal in Rente gehen dürfen."

Wenn Ihnen die humoristische, ironische Übertreibung geholfen hat, mit kleinen oder mittleren Problemen etwas gelassener umzugehen, können Sie sie auch bei ernsteren Schwierigkeiten ausprobieren.

5. *Humorplanung:* Überlegen Sie, bei welchen Personen und in welchen Situationen Sie durch eine lockere Bemerkung oder eine humoristische Sichtweise die Beziehungen verbessern oder Probleme leichter lösen könnten.

   Denken Sie daran, dass Humor auf einer konstruktiven, wohlwollenden Einstellung beruht. Wenn Sie ärgerlich oder gereizt sind, können humorvoll gemeinte Äußerungen schnell zynisch oder sarkastisch wirken und die soziale Beziehung verschlechtern. Beachten Sie auch das verbale und nichtverbale Feedback Ihres Gesprächspartners, wenn Sie eine humorvolle oder ironische Bemerkung machen.

6. *Humorgruppen:* Da es sich bei Humor und Lachen um soziale Phänomene handelt, können sie am besten im Rahmen einer Gruppe gefördert werden. In guten Humorseminaren und Kursen über therapeutischen Humor oder paradoxe Therapiemethoden können Sie durch Übungen und am Vorbild des Kursleiters ein-

schlägige Erfahrungen sammeln – wenn der Leiter schlecht ist, lernen Sie zumindest, wie Sie es nicht machen sollten.

Die Humorforschung hat übrigens festgestellt, dass glückliche Menschen länger leben. So zeigte eine Yale-Studie, dass selbst ältere, arme und gesundheitlich eher angeschlagene Menschen ein geringeres Sterberisiko als vergleichbare Altersgenossen haben, wenn sie sich selbst als glücklich bezeichnen.

Intuition und Träume: innere Wegweiser zum Glück

Psychologen wissen heute, dass wir uns zu wenig auf unsere Intuitionen und das „Gefühl im Bauch" verlassen, weil wir zu stark auf Logik und Rationalität fixiert sind. Für die Denkpsychologie und die Therapieforschung steht fest, dass wir häufig erfolgreicher und glücklicher handeln könnten, wenn wir öfter auf die innere Stimme hören würden.

Wenn Menschen gerne aus dem Bauch heraus entscheiden, kann man dies in Zukunft jedenfalls nicht mehr als unsinnig abtun: Bei diesen und vielen anderen emotionalen und körperlichen Reaktionen ist nämlich unser „zweites Gehirn" besonders aktiv – das so genannte *enterische Nervensystem (ENS)* oder *Bauchgehirn*. Mit seinen rund 100 Millionen in den Eingeweiden und Darmwänden verankerten Nervenzellen ist das ENS weitaus komplexer als das gesamte neuronale Netz im Rückenmark.

Dass unser Organismus mit dem Bauchgehirn über eine weitere Schaltzentrale verfügt, erklären die Forscher evolutionär: Das „zweite Gehirn“ sorgte so zuverlässig für die Ernährung der tierischen Organismen, dass die Evolution auf diesen erfolgreichen Mechanismus auch bei der Kortexentwicklung (Entwicklung der Hirnrinde) nicht verzichten konnte.

Die Forscher stellten fest, dass wir mithilfe des zweiten Gehirns viele unserer emotionalen Register ziehen. So hat das oft als „nur intuitiv“ abgetane gute Gefühl im Bauch sehr reale Erfahrungsgrundlagen. Solche Intuitionen beruhen auf unbewussten Erfahrungsmustern, die sich aus früheren körperlichen Reaktionen des ENS und kognitiven Bewertungen des Gehirns zusammensetzen und gespeichert wurden.

Dies hilft den Medizinern, psychosomatische Zusammenhänge besser als früher zu verstehen. Da die zwei Nervensysteme direkt miteinander verbunden sind, wirken sich negative, bedrohliche oder stressige Zustände auf beide aus. Positiv formuliert: Wenn wir psychischen Stress bewältigen, kann auch das Bauchhirn wieder zur Ruhe zu kommen.

Umgekehrt stabilisieren gute Bauchgefühle auch das zentrale Nervensystem – was sich beispielsweise mit der entspannenden Bauch- oder Sonnengeflechtübung des autogenen Trainings eindrucksvoll und messbar nachweisen lässt.

Wie groß die Ähnlichkeiten unseres großen und kleinen Gehirns sind, zeigt die Tatsache, dass sich ihr Gewebe auch dann gleicht, wenn es krank wird. Mediziner fanden jüngst in den Eingeweiden von Alzheimer- und Parkinsonpatienten ähnliche Gewebeschäden wie im Gehirn. In Zukunft könnte also bereits eine normale Darmuntersuchung genügen, um die gefürchteten Demenzentwicklungen frühzeitig zu erkennen.

Auch Denkpsychologen haben das lange Zeit als esoterisch und irrational geltende intuitive Denken rehabilitiert: Das langsame, „osmotische" Denken ist als Grundlage unserer Intuitionen genauso wichtig wie das schnelle, logische Kalkulieren. Es wäre daher klug, wenn wir die unterschiedlichen, im Lauf der Evolution parallel entstandenen Erkenntnisprozesse gleichermaßen nutzen würden und sich ergänzen ließen.

Es sind also drei Denkformen zu unterscheiden: zum einen das rationale Denken, zum anderen die beiden intuitiven Formen des sinnlichen Verstands und des osmotischen Denkens. Der auf unseren fünf Sinnen basierende sinnliche Verstand arbeitet dabei vorbewusst, schnell und instinktiv – er sorgt für den ersten Eindruck: Gefällt uns etwas oder nicht?

Das osmotische Denken wiederum ist der eigentliche intuitive Denk- und Wissensmodus. Er funktioniert ebenfalls unbewusst, ist aber langsam und eher planlos. Da diese implizit arbeitende, kreative Intelligenz all das aufnimmt, was gewissermaßen am Rande des Geschehens abläuft, steht hier ein riesiges Wissens- und Erfahrungspotenzial zur Verfügung, das wir vor allem in der Entspannung oder den Tagträumen „abrufen" könnten – wenn wir es nicht als weniger wertvoll abtun würden.

Tatsächlich beruhen die meisten „glücklichen" Entscheidungen auf diesem intuitiven Wissen, das keineswegs irrational ist, wie der Gehirnforscher Ernst Pöppel hervorhebt: „Können als implizites Wissen kennzeichnet den Experten, der ohne notwendige Reflexion handelt – und dennoch richtig handelt". Im impliziten Wissen drücken sich vielmehr unsere Intuitionen aus, „ohne die ein Arzt, Künstler, Wissenschaftler, Handwerker nicht wirken und nichts erreichen kann", so Pöppel.

Managerstudien zeigen ebenfalls, dass Führungskräfte nur ausnahmsweise rational erklären können, warum sie erfolgreich gehandelt und ein „glückliches Händchen" bewiesen haben – viele meinen gar, nur geraten zu haben. Ähnliches gilt auch für den Sport, die Luftfahrt oder die Medizin: Trainer, Piloten und Ärzte entscheiden sich meist intuitiv für das Richtige.

Insgesamt verstehen es intuitiv intelligente Menschen hervorragend, unbewusste kreative Lösungen zu finden – oder das zu erspüren, was sie glücklich macht. Die Intuitiven sind daher auch deutlich weniger stress- oder belastungsanfällig als die Logiker. „Wie ein Schwamm haben diese Menschen all das aufgesaugt, was jemals von Nutzen sein könnte. Sie vertrauen ihrer Intuition, leisten sich den Luxus der Reflexion und können bei Problemlösungen lockerlassen. So kann das Expertenwissen aus dem Unterbewusstsein aufsteigen", beschreibt Publizist Heiko Ernst das gewaltige Wissens- und Glückspotenzial unserer Intuitionen.

Intuitiv leben! – Das individuelle Antistress- und Glückstraining

Intuitiv leben!, so heißt ein Programm, das die Sozialpsychologin und Psychotherapeutin Angelika Faas als übergeordnetes, individuelles Antistress- und Glückstraining entwickelt hat. Dieses beruht im Wesentlichen auf den zwei Dimensionen „vertiefte Selbsterkenntnis" und „gesteigertes Selbstvertrauen". Die beiden Eigenschaften sollen jeweils in mehreren Schritten entfaltet werden:

1. Vertiefung der Selbsterkenntnis

   Rückzugsort finden: Um sich auf sich selbst besinnen zu können, brauchen Sie einen Platz, an dem Sie sich um nichts anderes als die eigenen Gefühle und Gedanken kümmern müssen.

   Optimale Zeit: Für Ihren Rückzug sollten Sie den individuell richtigen Zeitpunkt finden – kurz nach dem Aufwachen, beim Spazierengehen, beim Joggen etc. – und auch die persönlich richtige Zeitspanne definieren: etwa täglich fünf Minuten, ein- oder zweimal in der Woche eine Stunde, zweimal monatlich drei Stunden usw.

Innere Ruhe kultivieren: Um zur Selbstbesinnung zu kommen, müssen äußere Stressoren – Lärm, Telefon und jede andere Ablenkung – und innere Störenfriede erkannt werden. Innere Stressauslöser sind beispielsweise: schlechtes Gewissen, sich von der Familie oder dem Partner räumlich zu distanzieren, diffuse Ängste, mit unguten Erkenntnissen konfrontiert zu werden oder der Gedanke daran, etwas Wichtiges zu versäumen. Diese Störquellen müssen in den intuitionsförderlichen Rückzug und seine Entspannungssituation integriert und anschließend überwunden werden.

Die Sinne öffnen: Um ein neues Gespür für die Dinge zu entwickeln, ist eine Schulung aller fünf Sinne sehr hilfreich.

- Nase: Atmen Sie mehrfach tief ein und aus. Achten Sie dabei sehr bewusst auf die jeweiligen Gerüche Ihrer Haut oder der Umgebung. Riecht es frisch, aromatisch, erdig, nach Gebratenem?
- Augen: Lassen Sie den Blick umherschweifen und nehmen Sie intensiv wahr, was Ihnen behagt oder missfällt: Wie „(un-)ästhetisch“ sind die Bilder und Eindrücke?
- Mund: Erkunden Sie mit der Zunge den eigenen Mundraum und Lippenbereich und registrieren Sie alle Geschmackseindrücke. Sie können auch ein Stück Brot oder Schokolade kauen: Welche Geschmacksnuancen – sauer, salzig, süß und so weiter – nehmen Sie wahr?
- Hände: „Erfühlen“ Sie Ihre eigene Haut, die Kleidung und Möbel sorgfältig und achten Sie auf alle taktilen

Wahrnehmungen: hart, weich, rau, glatt, starr und so weiter.
- Ohren: Hören Sie intensiv in den eigenen Körper und die Umgebung hinein und nehmen Sie alle Geräusche sorgfältig wahr: Wie fühlen sich die Töne genau an?

Machen Sie sich bewusst, in welcher Sinnesmodalität Sie neue Empfindungen und Gedanken entwickeln.

Wahrnehmungsfavorit erkennen: Welcher Sinn ist Ihnen am liebsten – Riechen, Schmecken, Sehen, Tasten oder Hören? In welcher Sinnesmodalität fühlen Sie am stärksten und intensivsten? Machen Sie sich die jeweiligen Vor- und Nachteile bewusst: Wenn Sie beispielsweise ein „Augenmensch" sind, aber kaum etwas riechen können – welche Gefühle und Wahrnehmungen leiden darunter?

Gedanken fließen lassen: Bestimmte Sinneseindrücke rufen neben emotialen Empfindungen auch spezifische Einfälle und Gedanken hervor, wenn Sie sich entspannt den kreativen Assoziationen Ihrer Fantasie hingeben. Wenn Sie sich ohne innere Zensur auf den Weg machen, kann Ihnen dies einen tieferen Zugang zur eigenen Innenwelt eröffnen. In all Ihren Lebensbereichen – Beziehungen, Sexualität, Alltag, Träume, Sinnfragen etc. – können dabei Hoffnung, Glück, Lebensfreude und Euphorie ebenso eine Rolle spielen wie Resignation oder Angst. Machen Sie sich bewusst, in welche Richtung Ihre Gedanken fließen und welche Gefühle oder Handlungsimpulse sie auslösen.

Prägende Lebensmuster erkennen: In der Lebensgeschichte jedes Menschen ist die familiäre „Ur-Matrix" von entscheidender Bedeutung. Neben der Position in der Geschwisterreihe geht es vor allem um die Frage, welche Rollenmuster wir als Kind erfüllen sollten und welche Erwartungen die Familie an uns gestellt hat: Galten wir zum Beispiel als Sonnenschein, Sorgenkind, Sündenbock, Retter, Clown oder Glückspilz? Vertiefen Sie Ihr Bewusstsein darüber, welche Muster ausgesprochen und unausgesprochen auf Sie übertragen wurden und wie diese Ihre Vorstellungen von einem sinnvollen beziehungsweise (un-)glücklichen Leben geprägt haben.

Das innere Programm erkennen: Solche von klein auf prägenden Muster enthalten eine Reihe sozialer, moralischer, gesellschaftlicher sowie politischer Überzeugungen, Rechte oder Pflichten, die das eigene Leben lange stark beeinflussen können. Welche Modelle oder Vorbilder prägten Ihren Lebensentwurf in Bezug auf Geschlechtsidentität, Partnerschaft, Elternschaft, Beruf oder Lebensführung?

2. Steigerung des Selbstvertrauens

Wohlwollende Bilanz der Lebensführung: Konzentrieren Sie sich auf Ihre Pluspunkte und machen Sie sich klar, was Ihnen in Ihrem Leben gefällt. Beziehen Sie dabei alle möglichen Aspekte wie Wohnung und Wohnumgebung, Beruf, Besitz, Freundeskreis, Familienleben, intime Beziehungen, Ihr Äußeres, Verhalten, Denken und Ihr Gefühlsleben ein. Womit sind Sie besonders zufrieden? Und was macht Sie wirklich glücklich?

Aktuelle Entwicklungsphase: Jede persönliche Identität entwickelt sich. Geht es im jungen Erwachsenenalter um Identitätsfindung – Wer bin ich? Welches Leben möchte ich führen? –, muss man sich im mittleren Alter in Beruf und Partnerschaft bewähren sowie seine Identität prüfen: Wer bin ich geworden? Wer oder wie möchte ich noch werden? Im späteren Erwachsenenalter dagegen steht der Erhalt der Identität, die Akzeptanz oder die Versöhnung mit dem eigenen Schicksal im Vordergrund: Wie kann ich derjenige bleiben, der ich geworden bin? Machen Sie sich bewusst, in welchem Stadium Sie sich befinden, was Sie erreicht haben und was Sie beibehalten, entwickeln oder verändern möchten.

Das Erreichte angemessen würdigen: Viele Menschen vergessen, sich selbst dafür zu loben, was sie erreicht haben. Sie halten es oft für selbstverständlich und beachten nur das, was nicht gelingt oder gelungen ist. Verdeutlichen Sie sich stattdessen, welche Erfolge Sie für sich selbst verbuchen können, und belohnen Sie sich dafür – zum Beispiel durch eine Feier oder ein gemütliches Essen.

Eigene Lebensziele prüfen: Um uns für den Alltag motivieren zu können und die nötige Lebensenergie aufzubringen, brauchen wir kräftige Antriebsfedern. Wo liegen für Sie die wichtigsten Quellen?

- Liebe, Erotik, Sexualität, Charme, Freundschaft
- Gesundheit, Fitness, Attraktivität, Arbeitsfähigkeit
- Ansehen, Respekt, Bewunderung
- Schul- und Berufsabschlüsse, Urkunden, Trophäen
- Allgemeinbildung, Fachwissen
- Prestige, Privilegien, Verdienst, materielle Sicherheit
- Höchstleistungen, zeitüberdauernde Werke
- Fairness, Bescheidenheit
- Macht, Einfluss, Cleverness, Gerissenheit

Machen Sie sich bewusst, welche Ihre wichtigsten Motivatoren und Antriebskräfte sind, welches Gewicht sie haben und wie sie den Sinn Ihres Lebens bestimmen.

Prioritäten erkennen: Viele Menschen sind unzufrieden, weil ihnen das innere Zentrum fehlt, um das ihr Tun oder Schaffen freudvoll kreisen kann. Versuchen Sie sich auf das wirklich Wesentliche zu besinnen und finden Sie heraus, welche Prioritäten Sie in Ihrem Leben setzen möchten. Geht es dabei um Natur, Beziehungen, Moral und Ethik, Philosophie und Religion, Ästhetik, Kunst und

Musik oder Politik und Geschichte? Welche Begabungen, Interessen, Neigungen und Vorlieben haben Sie? Wie können Sie diese engagiert umsetzen?

Unterstützung finden: Selbstverwirklichung kann als egoistisch gelten oder durch familiäre, berufliche und soziale Verpflichtungen behindert werden. Bauen Sie bei der Konzentration auf Ihre Kernbereiche ein Polster gegen schlechtes Gewissen oder diffuse Schuldgefühle auf, etwa durch Treffen mit Gleichgesinnten, das Vertiefen in entsprechende Literatur oder einen klar strukturierten Rückzug in die Einsiedelei.

Lebensfreude intensivieren: Öffnen Sie sich dem Glück, kommen Sie ihm entgegen, so weit es geht. Dabei ist eine wohlwollende Haltung sich selbst und anderen gegenüber entscheidend. Widerstehen Sie allen faulen Kompromissen oder falschen Rücksichten. Lernen Sie, sich einzulassen, zu begeistern, zu faszinieren und zu motivieren. Versuchen Sie in allen alltäglichen und weniger alltäglichen Dingen vorwiegend die Chancen zu sehen und nicht das mögliche Scheitern.

Spontaneität wagen und trainieren: Damit Sie unbeschwert leben können, darf es für Sie keine Gefühlstabus und Denkverbote geben! Von Ihren intuitiven Kräften können Sie nur profitieren – und zwar in allen Bereichen wie Kreativität, Beziehungsfähigkeit, Auftreten und Improvisationstalent –, wenn Sie ausnahmslos alle Gefühle und Gedanken kritisch, aber wohlwollend und ohne falsche Scham oder Furcht zur Kenntnis nehmen.

Insgesamt ist es nicht entscheidend, dass solche intuitiven Impulse Sympathie, Begehrlichkeit oder Angst hervorrufen, sondern dass man in einem bewussten „Training der Spontaneität“ lernt, mit ihnen vorurteilsfrei umzugehen und sie zu prüfen. Dabei hilft es, intuitive Impulse zunächst nur für sich selbst auszuformulieren, sie danach aufzuschreiben und schließlich sich selbst und/oder einem Vertrauten gegenüber laut auszusprechen.

„Mit der Zeit wird der Zugang zum intuitiven Potenzial vertrauter und Sie können Ihre Intuitionen immer selbstbewusster und spontaner nutzen“, so die Psychologin Faas.

Übung 15: Schule der Intuition

Eine der einfachsten alltäglichen Methoden, mit der Sie Ihre Intuition schulen können, hat Edward deBono, einer der weltweit bekanntesten und renommiertesten Denkforscher, entwickelt. Er empfiehlt zur Aktivierung der intuitiven, rechten Gehirnhälfte folgende Maßnahmen:

1. Vor allem: Lassen Sie sich Zeit!
2. Hören Sie in Ruhe Musik.
3. Besuchen Sie Kunstausstellungen.
4. Wandern Sie mindestens einmal wöchentlich in der Natur.
5. Beobachten Sie die Menschen in Ihrer Umgebung intensiver.
6. Atmen Sie bewusst ruhig und gleichmäßig.
7. Lassen Sie Ihre Arbeit in der Firma und genießen Sie den Feierabend.
8. Üben Sie sich im Zeichnen.

Neben der Intuition zählen Träume – sowohl Tag- als auch Nachtträume – zu den wichtigsten, aber auch unterschätztesten Erfolgs- und Glücksbringern unseres alltäglichen Lebens. Sie halten den psychischen Haushalt gewissermaßen in Balance.

So gelten Tagträume als ein wichtiger Beitrag zum Lebensglück – wenn wir mit ihnen intuitiv richtig umgehen und auf diese innere Stimme hören lernen. Versuchen Sie es, schwelgen Sie in Ihren Vorstellungen: Malen Sie sich alles aus, was immer Sie erreichen oder erleben wollen – und machen Sie Teile davon wahr.

Vor allem die neuere Traumforschung hat seit Mitte der neunziger Jahre eine wahre Revolution begründet. Träume sind Schäume? Oder voll dunkler Abgründe? Diese beiden auch wissenschaftlich lange verfochtenen Sichtweisen sind nun wohl endgültig widerlegt. Das Traumgeschehen ist weder mit der Metapher der leeren Psycho-Blasen zu erfassen, noch rühren dunkle Geister in der Nacht einen giftigen Seelentrank, um dem Menschen zu schaden.

„Der Traum ist *multifunktionale* Lebenshilfe“, beschreibt Harry Fiss, Pionier der neuen Generation der Traumforscher, das grundlegend gewandelte Traumbild. In oft hochkomplex verdichteten, letztlich aber immer verständlichen und bedeutungsvollen (Sprach-)Bildern voller Emotionen stabilisieren Träume unsere Identität, regulieren unsere Stimmung und helfen uns, Probleme zu lösen, Stress zu verarbeiten und Sinn zu finden.

Das Gehirn schläft nie – im Traum verwendet es jedoch mehr analoge Strukturen oder Symbole als im tagesaktiven Denken und greift auf andere Felder und Dimensionen zurück. Der Traum verdichtet viele Informationen, Gefühle, Wahrnehmungen, Ängste und Wünsche, so dass komplexe, metaphorisch sinnvolle Muster entstehen. Dabei schöpft er auch aus Quellen des dem Wachbewusstsein nicht zugänglichen „Unbewussten“. Für viele Traumforscher verarbeitet der Traum daher nicht nur komplexe Lebensprobleme oder Erfahrungen, sondern er ist gleichzeitig eine wichtige Quelle unserer Kreativität, Intuition und Emotionalität.

Das Traumbewusstsein gilt nun auch in der Traumforschung als eine eigene Form des Denkens, Fühlens und Wissens. „Wer einmal begriffen hat, welche komplexen Denkvorgänge und verstrickten, ambivalenten Gefühle einfach und überzeugend in brillanten Bildern ausgedrückt werden, den lässt dies nicht mehr los", erklärt Alfred Alvarez, der sich mit dieser Formulierung den „bekehrten" Traumskeptikern annähert.

Tatsächlich macht uns der Traum glücklich oder unglücklich, da die Traumstimmungen als eine Art Hintergrundrauschen weit in den Tag hineinreichen können – wobei deutlich seltener Alb- oder schlechte Träume auftreten als angenehme. So wies der kanadische Forscher Don Kuiken nach, dass Träume dazu beitragen können, dass sich im Leben etwas verändert. Er stellte fest, dass sie nicht nur die Tagesstimmung beeinflussen, bei der Lösung von persönlichen Problemen helfen, die Kontaktsuche zu einer Person fördern, von der man geträumt hat, sowie Ideen für kreative Tätigkeiten enthalten, sondern mitunter sogar die Zukunft vorhersagen.

Besonders förderlich sind Träume in Krisenzeiten oder belastenden Situationen. So zeigte sich bei Frauen, die nach einer schwierigen Scheidung an einer achtwöchigen Traumbehandlung teilnahmen, ein im Vergleich deutlich gestärktes Selbstwertgefühl und höheres Wohlbefinden. Harry Fiss wertete dieses Ergebnis so, dass Träume nicht nur stressbewältigend und stimmungsregulierend wirken, sondern uns vor allem helfen, „neue psychische Strukturen zu organisieren" und so dazu beitragen, unserem Denken neue Perspektiven zu eröffnen.

Unser Traumdenken ist ausgesprochen kreativ, das belegen berühmte „Traumlösungen" aus der Wissenschaftsgeschichte. Der Chemiker Friedrich August Kekulé beispielsweise „entdeckte" die Formel des geschlossenen Benzolrings in der Traummetapher einer in sich selbst zusammengezogenen Schlange. Mittlerweile gilt es auch empirisch als sicher, dass das alltägliche komplexe Erleben durch den Traum häufig bewusster, durchschaubarer und verständlicher wird. „Es kommt zu klassischen Aha-Erlebnissen", beschreibt Traumexperte Michael Schredl den Effekt, der sich einstellt, sobald die gedanklichen wie emotionalen Bedeutungsfelder der Träume erschlossen sind.

Der Traum gilt insgesamt als wertvolle Hilfe, um das eigene Leben sinnvoll und glücklich zu gestalten. „Die häufigste Funktion des Traumes ist die Ermutigung zum Leben", so Kuiken. Träume tragen wie das Denken dazu bei, komplexe Probleme oder Stress zu erkennen, zu verarbeiten und Sinn zu finden. Oft liefern uns Träume die wertvollsten Hinweise, wie wir unser Glück wirklich finden können.

Ein differenzierteres Programm, wie man den Traum als Lebenshilfe in eigener Sache praktisch umsetzt, formulierte der Traumforscher Michael Schredl in seiner empirisch und klinisch bewährten *Personorientierten Traumarbeit.* Für ihn ist entscheidend, dass das Aufdecken der Geheimnisse von Träumen nicht professionellen Traumdeutern überlassen bleiben muss, sondern im Gegenteil jeder sein eigener Traumexperte werden und ein umfassendes Verständnis der eigenen Träume erreichen kann. Einzige Bedingung: Offenheit gegenüber den Träumen und Neugierde. Dann ist es nachweislich auch den Menschen, die sich notorisch nicht an ihre Träume erinnern können, möglich, Freude daran zu finden, sich mit der Vielfalt und dem Reichtum der Metaphern, Bilder und Gefühle in den eigenen Träumen auseinander zu setzen.

Die praktische Erfahrung zeigt, dass alle Menschen, die an ihren Träumen ein großes Interesse haben, ihre Traumerinnerung innerhalb kurzer Zeit drastisch verbessern können. Wer etwa mit dem Willen einschläft, sich morgens an seine Träume erinnern *und* diese notieren zu wollen, dem wird das in aller Regel auch gelingen. Ebenso einfache wie nützliche Hilfen sind das Blatt Papier und der Stift auf dem Nachttisch, um sich nach dem Aufwachen zumindest Stichworte zu notieren, und das Führen eines Traumtagebuchs.

Übung 16: Traumdeutung als Glücksbringer

Ziel der sechs Schritte bei der „Traumarbeit" ist, dass man sich im Wesentlichen von den konkreten Traumbildern löst und ihren metaphorischen Reichtum entdeckt. Anhand der jeweiligen Gefühle, Stimmungen und Handlungen im Traum soll dann ein *Bezug zum Wachleben* hergestellt werden. Machen Sie sich dabei bewusst, dass im Traumgeschehen vor allem Gefühle überzeichnet dargestellt werden, damit der Kern einer Sache deutlich wird. Hierbei geht es allerdings nicht darum, eine vermeintlich richtige Deutung zu finden, sondern aus dem Traumgeschehen zu lernen. Das heißt, dass die verschiedenen Bilder und metaphorischen Deutungen nur als Hinweise darauf verstanden werden dürfen, wo im Wachleben und im Traumgeschehen Gemeinsamkeiten bestehen könnten. Das ausschlaggebende Kriterium bei der Traumarbeit ist für Schredl immer die Weiterentwicklung im Wachleben hin zu „freierer Entfaltung der Persönlichkeit und Verbesserung der Lebensqualität".

1. Vergegenwärtigen Sie sich den Traum!
   Lesen Sie den Traum.
   Ergänzen Sie Details.
   Notieren Sie spontane Einfälle.
2. Schlüsseln Sie die Trauminhalte auf!
   Sammeln Sie – *ohne* Deutungsabsicht – Informationen über das Traum-Ich, die Traumpersonen, Gegenstände, Traumorte etc.
3. Untersuchen Sie die Handlungen im Traum!
   Was ist zentral?
   Abstrahieren Sie von den Traumbildern.

Sind Übertreibungen zu erkennen?
Welche Gegensätze treten auf?
Was wiederholt sich?
Gibt es Konflikte?
Gibt es Helfer?
Gibt es ein Ziel?
Was kommt im Traum vor – und was nicht?
Wird im Traum eine Stärke oder Schwäche aufgegriffen, die Sie von sich aus dem Wachleben kennen?

4. Vergleichen Sie Traum und Wacherleben!
   Was beschäftigt Sie momentan besonders (etwa Gesundheit, Beziehung, Prüfung oder Familie)?
   Welche Parallelen finden sich dazu in der Bildersprache des Traums?
5. Suchen Sie nach Lösungsansätzen im Traum!
   Begeben Sie sich in die Stimmung des Traums.
   Führen Sie den Traum schriftlich fort.
6. Setzen Sie die Lösungsansätze um!
   Fassen Sie die Ergebnisse aus Ihrer Traumarbeit zusammen.
   Probieren Sie neue Verhaltensmuster aus.
   Prüfen Sie an der Realität, ob sich die Veränderung positiv ausgewirkt hat.
   Schredl weist darauf hin, dass es hilfreich sein kann, den Traumbericht mit einem Theaterstück oder einem Film zu vergleichen und ihm einen entsprechenden Titel zu geben. Um die Traumarbeit zu vertiefen, sollten Sie sich vor allem fragen, welche metaphorische Botschaft der Autor oder Regisseur übermitteln wollte und wie ein unvollendeter Traum ein positives Ende finden könnte.

Im Übrigen rät Schredl dazu, in der Traumarbeit niemals irgendwelche Zusammenhänge erzwingen zu wollen, sondern es anzunehmen, dass der Traum ein ganz und gar „eigenständiges Erlebnis“ sein kann. Vor Überschätzung warnt auch der Psychotherapeut und Traumexperte

Wilhelm Freund: Da es nicht immer möglich sei, die Botschaft eines Traums zu deuten, müsse man es akzeptieren, wenn ein Traum einmal unverständlich bleibe.

Verstehen bedeute das intuitive Erfassen einer persönlichen Wahrheit, wenn man sich „im Innersten getroffen“ fühlt, so Freund. Ein solches Verstehen gehe immer mit einer bestimmten Gewissheit einher. Ohne sie sei es immer besser, einen Traum unverstanden zu lassen, als eine Deutung zu erfinden, die in die Irre führt.

Flow erleben: Sternstunden des Glücks

Flow ist nicht planbar, das betont Mihaly Csikszentmihalyi immer wieder. Es gibt einfach kein Patentrezept dafür, wie dieser Zustand erreicht werden kann. In seiner jüngsten Arbeit hat Cszikszentmihalyi nun dennoch erstmals zusammen mit der Sportpsychologin Susan Jackson praktische Grundlagen *empfohlen,* wie jeder Einzelne etwas für den Flow tun kann: Die so genannten „fundaMentalen" Komponenten des Flow sind eine Art Handanleitung für das private Glück.

Die „fundaMentalen" Flowbedingungen

Ursprünglich für den Sport entwickelt, erklären die beiden Flowforscher, können die fundaMentalen Grundprinzipien des Flow auf alle Lebensbereiche angewendet werden. Wer sie verstanden hat, dem bieten sich vielerlei Möglichkeiten, sein gesamtes Leben danach zu gestalten. Demnach finden Sie Flow, wenn Sie

- auf Ihre innere Stimme hören, die Ihnen darüber Aufschluss gibt, was Ihre wirklichen Interessen sind,
- sich dann den Aktivitäten zuwenden, die tatsächlich eine persönliche Herausforderung für Sie darstellen,
- die jeweiligen Fertigkeiten entwickeln, um die Herausforderung zu bewältigen und
- lernen, sich auf konkrete Ziele und subtile Feedback zu konzentrieren.

Die innere Stimme hängt eng mit der persönlichen Intuition zusammen. Im vorhergehenden Kapitel haben Sie erfahren, warum dieses intuitive Bewusstsein für unser Glück so wichtig ist und wie Sie es entfalten können. Solche Aktivitäten zu erkennen – ob intuitiv oder ganz rational –, die Flow ermöglichen, weil sie Hingabe und Begeisterung fördern, muss jedem selbst überlassen bleiben. Das Gleiche gilt für die Flowbedingung, unter denen das eigene Können am besten entwickelt werden kann.

In Bezug auf die Ziele dagegen sind die fundaMentalen Bedingungen allgemein gültig. Letztlich liegt das eigentliche Geheimnis des Flow darin, *ein Ziel zu bestimmen.* Es geht weniger darum, dieses Ziel zu erreichen – vielmehr stärken Zielsetzungen die Konzentration und helfen Ablenkungen zu vermeiden. Für Bergsteiger etwa ist es natürlich schon wichtig, am Gipfel anzukommen. Doch erst ihr Ziel macht aus einem beliebigen Herumkraxeln ein Klettern, bei dem Flow auch dann entstehen kann, selbst wenn sie ihre Vorgabe nicht erfüllen.

Für den Alltag haben solche Zielsetzungen eine entscheidende Bedeutung, weil sie unsere Lebensqualität und unsere Glücksfähigkeit nachhaltig und auf einfache Weise verbessern können. Denn dann übernehmen wir für unser Handeln Verantwortung und machen es zu einer eher innengeleiteten, „autotelischen“ Angelegenheit, betont Csikszentmihalyi in seinen Ausführungen.

Wer zum Beispiel selbst ungeliebte oder gar verhasste Arbeiten wie Rasenmähen, Müll wegbringen oder in Besprechungen gehen umdefiniert und sich vornimmt, das Ganze so rasch und effizient wie nur möglich zu erledigen, wird mit sehr viel mehr Lust zur Sache gehen. Für Csikszentmihalyi zeigt die Flow- und Glücksforschung sehr deutlich, dass selbst in Fällen, in denen man keinen Flow erlebt, „allein schon die Tatsache, dass man etwas in Übereinstimmung mit den eigenen Zielen tut, die seelische Verfassung verbessert". Die meisten Tätigkeiten im Alltag kommen als Mischformen vor und liegen irgendwo zwischen Routine-, emotional-intuitiver und prozessorientierter Handlung. Erst wenn wir uns wirklich konzentrieren und selbstbestimmte, autotelische Ziele festlegen, dann können wir Flow und Glück erfahren.

Flow im Alltag: Flow in der Freizeit oder *flow at work*?

Wie oft erleben Menschen Flow im Alltag – im Beruf, in der Freizeit, in der Familie? Um diese Frage beantworten zu können, haben die Flowforscher Menschen direkt befragt oder über Wochen und Monate hinweg ein Glückstagebuch führen lassen.

Da solche Angaben jedoch vom individuellen Gedächtnis geformt werden, entwickelte Csikszentmihalyi ein einfaches, objektiveres Verfahren: ESM, die *Experience Sampling Method*. Dabei setzten die Forscher einen Piepser oder eine programmierbare Uhr ein, mit der sie die Versuchsteilnehmer von morgens bis spätabends „anpiepsen" konnten. Diese wurden dann aufgefordert, einen kurzen Fragebogen auszufüllen und darin zum Beispiel anzugeben, was sie gerade taten, wo sie sich befanden und wie es ihnen ging – ob sie sich langweilten, sich gut fühlten, wie ihr Zeitempfinden war und so weiter.

Die etwa 100.000 Seiten der ESM-Flowprotokolle von tausenden Menschen zeigen ein deutliches Bild, das im Übrigen die Daten der anderen Umfragen bestätigt. Überraschenderweise erleben die Menschen häufig dann, wenn sie besonderes Glück erwarten – im Urlaub, am Wochenende oder Feierabend – nur ausnahmsweise das erhoffte Gefühl. Und obwohl die meisten Menschen meinen, dass die Arbeit die größte Glücksbarriere ihres Lebens darstellt, und sich wünschen, nicht mehr arbeiten zu müssen, kommt der *flow at work* im Büro und sogar am Fließband etwa dreimal häufiger vor als in der Freizeit. Das hoch geschätzte Privatleben allerdings bringt für viele eher Langeweile, enttäuschte Erwartungen oder Stress mit sich.

Auf die Frage „Wie oft gehen Sie in einer Tätigkeit so vollständig auf, dass nichts anderes mehr eine Rolle spielt und Sie alles um sich herum vergessen?“ antwortet etwa jeder Fünfte, dass man dies „oft, meist täglich“ erlebt. Rund 15 Prozent erklärten dagegen, dass ihnen so etwas nie passiere.

Die Demoskopin Elisabeth Noelle-Neumann führte in Deutschland Mitte der neunziger Jahre eine repräsentative Umfrage zum Flow durch, an der weit über 6.000 Bundesbürger beteiligt waren. Dabei zeigte sich folgendes Bild: Flow erleben mehr als 20 Prozent der Deutschen „oft“, 40 Prozent „manchmal“, 25 Prozent „selten“ und zwölf Prozent „gar nicht“. Csikszentmihalyi weist allerdings darauf hin, dass dabei auch Annäherungen an den Idealzustand des Flow akzeptiert wurden – und man die Daten nach unten korrigieren müsse, wenn nur die „intensivsten und erhabensten Flowerlebnisse“ berücksichtigt würden.

Im Einzelnen erleben die Menschen Flow in der Freizeit vor allem

- bei künstlerischen Projekten (Musik, Malerei),
- bei Hobbys (Basteln, Garten),
- beim Sport (Schwimmen, Joggen),
- bei Denksport (Schach, Kreuzworträtsel) oder
- beim Spiel.

Csikszentmihalyi betont, dass wir in der Freizeit erst dann Flow erleben, wenn wir eine Tätigkeit aktiv betreiben. Egal ob man einem Hobby nachgeht, Sport treibt, ein Musikinstrument spielt, ein gutes Menü kocht, ins Kino oder zum Essen geht – nur wer dies motiviert und konzentriert macht, kann Glück oder Flow erleben. Allerdings müsse man berücksichtigen, dass die aktive Freizeit meist nur ein Fünftel der freien Zeit ausfüllt – und bei vielen Menschen sogar kaum eine Rolle spielt, da sie sich meist mit passiven Beschäftigungen begnügen.

Dabei ist vor allem das Fernsehen ein gnadenloser Flow- und Glückskiller. „Nichts, was Männer und Frauen während der Jahrmillionen der Entwicklungsgeschichte bisher getan haben, war so passiv und suchtfördernd", bilanziert der Flowforscher.

Fernsehen kann zwar eine gewisse passive Entspannung fördern, aber tatsächlich werden wir emotional umso gelangweilter und unglücklicher, je länger wir vor dem Schirm sitzen. Das tägliche Fernsehen führe zu einem passiven „Überlaufeffekt" und einer Trägheit, die auf Dauer kaum zu überwinden sei.

Sich im Alltag ein „geordnetes Bewusstsein" zu verschaffen – so beschreibt Csikszentmihalyi die Motivation, dem „Alltagschaos" der Langeweile oder Angst zu entgehen und Freude oder Glück zu erleben. Häufig sind neben dem Fernsehen auch „redundante Lektüre" wie Groschenromane oder Krimis, Spielsucht und promiskuitive Sexualität, Trinken oder andere Drogen das Mittel der Wahl. „Dies sind schnelle, leichte Wege, die das Chaos im Bewusstsein verringern – gewöhnlich aber nur das Gefühl einer teilnahmslosen Unzufriedenheit hinterlassen", analysiert Csikszentmihalyi seine Befunde und betont, dass jeder seine Lebensqualität im Alltag steigern könne. Man müsse nur dafür sorgen, dass „klare Ziele, direktes Feedback, Fähigkeiten, die sich mit den Handlungsmöglichkeiten im Gleichgewicht befinden, sowie die übrigen Voraussetzungen für Flow einen möglichst gleich bleibenden Bestandteil des Alltagslebens bilden“.

Eine Vorgabe übrigens, die die Übung „Pfad der Achtsamkeit“ (s. Seite 46) – eine der sinnvollsten Möglichkeiten, im Alltag Flow oder Glück zu erfahren – ideal erfüllt.

Flow beim Abwasch und Treppensteigen?

Kann man beim Abwaschen das Glück finden? Oder beim Treppensteigen? Selbstverständlich, sagt Verhaltensmediziner Jon Kabat-Zinn, es kommt nur darauf an, wie Sie es machen.

Wenn Sie Ihre Tätigkeit wirklich achtsam und voller Hingabe erledigen, dann können Sie auch beim Geschirrspülen und auf der Treppe glücklich werden. Denn dann können gewohnte Handlungsautomatismen und gedankenlose Routinen aufbrechen, Sie können sich Schritt für Schritt mehr in die Gegenwart zentrieren und so alle zur Verfügung stehenden Energien besser nutzen – für den Flow.

„Sie brauchen den Abwasch nicht unbedingt schnell und irgendwie hinter sich zu bringen, um endlich Zeit für die anderen, wichtigeren und interessanteren Dinge des Lebens zu haben, weil eben jener Moment, in dem Sie den Abwasch erledigen, Ihr Leben ist“, betont Kabat-Zinn. „Versuchen Sie, jede Tasse, jeden Topf und jeden Teller bewusst zu erfassen, nehmen Sie jede Bewegung wahr, die der Körper beim Abspülen ausführt, wie auch den Atem und die Vorgänge in Ihrem Geist.“

Ähnlich funktioniert es beim Treppensteigen mit der Formel: „Wenn ich jetzt diese Treppen hochgehe, weiß ich, dass ich es tue.“ Achtsamkeit bedeutet, zu sehen und zu wissen, dass man sieht, hört und weiß, dass man fühlt, wie man die Treppe hochgeht, und weiß, dass man es tut. Das heißt nicht, dies als rein gedankliche, kognitive Idee oder Vorstellung zu denken – es bedeutet vielmehr „Augenblick-für-Augenblick-Gewahrsein der Erfahrung des Treppensteigens“.

Eine weitere bewährte Flowquelle ist die Kunst des Lesens. So bestätigte die Demoskopin Elisabeth Noelle-Neumann in einer repräsentativen Umfrage die Daten der Flowforschung: Bücherfreunde und Leser erleben häufig Flow.

So wie Flow eine schwierige Aufgabe voraussetze, „der man gewachsen ist – und an der man wächst“, erklärt Noelle-Neumann den Flow beim Lesen und gibt damit gleichzeitig eine Anleitung für das Leseglück, „erfordert Lesen eine dynamische Balance zwischen Lese-Anstrengung und Lese-Fähigkeit“. Dies betrifft vor allem das Lustlesen, das hingebungsvolle Schmökern, bei dem wir uns so faszinieren lassen, dass alles andere um uns herum in Vergessenheit gerät.

Kann man mit dem Internet Flow erleben?

Ob und wie die User am PC Flow erfahren, haben Schweizer Psychologen der Universität Bern untersucht. Als Ergebnis teilten sie mit, dass drei Viertel der befragten Computerfreunde vor allem bei Computerspielen und dem Surfen oft so versunken sind, dass sie ihre Umgebung und die Zeit völlig vergessen.

Zwar sind die Befunde nicht repräsentativ, doch zeigen vergleichbare Studien aus den USA ein ähnliches Bild. Allerdings kann man bisher kaum von einer Flowforschung bei den neuen Medien sprechen.

Da Flow zu exzellenten Leistungen führt und als Schlüssel zu Wachstum und Motivation gilt, sollte man annehmen, dass er in der Wirtschaft zur Chefsache der Personalmanager geworden ist.

Die Wirklichkeit sieht aber anders aus: Flow wird bis auf wenige Ausnahmen in den Unternehmen nicht gezielt gefördert, wie der Berliner Unternehmensberater und Branchenkenner Gerhard Huhn kritisiert – das leistungsstarke Glück bleibt weitgehend Privatsache der einzelnen Angestellten oder Manager.

In den Konzepten zur so genannten Erlebnispädagogik der Sozialarbeit oder bei Outdoorseminaren der betrieblichen Weiterbildung dagegen spielt Flow eine zentrale Rolle. Dabei sollen lernschwache Schüler und jugendliche Straftäter ebenso wie Manager und Angestellte auf einem Großsegler, bei einer Höhlenexkursion oder in ähnlichen Szenarien Flow erleben, um ihre Persönlichkeit zu entwickeln und sich für den Alltag in Schule, Ausbildung oder Betrieb positiv zu motivieren – und natürlich auch leistungsfähiger zu werden. Doch die Konzepte sind umstritten.

Zwar erleben die Teilnehmer wie andere *thrillseeker* und Risikosportler meist Flow, doch ist völlig ungeklärt, wie diese Erfahrungen in den Alltag „transferiert" werden können und ob sie tatsächlich der Persönlichkeitsentwicklung dienen.

Hinzu kommt, dass in der betrieblichen Weiterbildung und Personalentwicklung viel von den „motivationspsychologischen Effekten" des Flow geredet wird, meist allerdings ohne dass sein Wesen verstanden wäre. Dies zeigt das Beispiel eines Managementberaters, der in einem Vortrag zum Thema vor der bayerischen Handwerkskammer im Frühjahr 2000 betonte: „Sie erhalten nur glückliche Kunden, wenn auch Ihre Mitarbeiter zufrieden sind." Wenn dies gelinge, brauche man sich um Umsatz und Gewinn keine Sorgen mehr zu machen. Für das Management gehe es dabei darum, den Mitarbeiter immer im „Flowzustand" zu halten – also an der Grenze zwischen Unterforderung und Überforderung, so der vermeintliche Flowkenner. Insgesamt sprach er aber mehr darüber, wie man die Mitarbeiter durch „positives Denken" sowie äußere Motivationen und Gratifikationen besser lenken könne – doch mit Flow hat dies nichts zu tun.

So gibt es im deutschsprachigen Raum nach Wissen des Verfassers nur ein Institut, das den Flow in der Wirtschaft konstruktiv und intelligent fördert. Wie der Firmenname des Schweizer *FlowTeamInstituts* verdeutlicht, geht es dabei aber nicht um den einzelnen Mitarbeiter, sondern um Arbeitsgruppen.

Das Konzept des ansonsten in der Flowforschung bisher weitgehend vernachlässigten „Teamflows" – bei Sportmannschaften etwa – versucht, analog zur autotelischen, selbstbestimmten Flowdynamik beim Einzelnen eine hohe Selbstorganisation innerhalb einer Gruppe zu fördern. Auf dieses Konzept, das sich im Wesentlichen an der Komplexitäts- und Systemforschung orientiert, kann hier nicht weiter eingegangen werden, da es zu weit vom individuellen Flow wegführt.

Sex und (Extrem-)Sport: der Kick zum Glück?

Unsere Beziehungen und die Sexualität sind ebenso wichtige Glücksquellen wie Sport und körperliche Aktivität – beides verschafft uns wunderbare Flowerfahrungen. Sex als Flow?

Natürlich, betont Csikszentmihalyi, fügt allerdings ein großes Aber hinzu: nur „guter Sex". *Kluge Lust statt geiles Leiberreißen* – unter diesem Motto des Dramatikers Botho Strauß könnte man die wichtigsten Befunde der Glücks- und Flowforschung über Sexualität und Liebe zusammenfassen.

So wird rein körperlicher Sex als „genetisch vorprogrammierter Verhaltensablauf" nach Ansicht Csikszentmihalyis zwar mitunter leidenschaftlich und glücksfördernd erlebt. Solche Erfahrungen seien aber „Vergnügungen", für die man nur „willig und gesund" sein müsse – mit wahrem Glück und Flow hätten sie nichts zu tun, weil dabei nie mit jener „Geschicklichkeit geliebt wird, die Sexualität zur Kunst erhebt". Um den Körper in einen wirklichen Flowzustand versetzen zu können, gilt für Liebende wie für Sportler oder Meditierende gleichermaßen, dass Verstand und Geist daran beteiligt sein müssen, um die jeweilige Aktivität „in Richtung größere Komplexität zu kultivieren", wie der Flowforscher betont.

Flow gibt es für Csikszentmihalyi daher nur in der Liebe und bei echter Zuneigung zum Partner. Erst die Beziehung macht die Sexualität zu jenem komplexen Prozess, der das ganze Leben lang Flowerfahrungen auslösen kann. Um Freude, Glück und Flow zu schaffen, muss eine Beziehungen „immer komplexer" werden, betont der Glücksforscher, wobei die Partner immer wieder „neue Potenziale in sich selbst und einander entdecken müssen, so dass sie lernen, welche Gedanken und Gefühle, welche Träume im Kopf des anderen leben". Um flowfähig zu bleiben, geht es für die Partner vor allem darum, neue Herausforderungen in der Gesellschaft des anderen zu entdecken. Darüber hinaus müssten sie angemessene Fähigkeiten entwickeln, die die Beziehung bereichern, da körperliche Herausforderungen nur anfänglich genügen.

Die Flowforschung weiß, dass Liebe als die wohl wichtigste Glücksquelle unseres Lebens verstanden werden muss, wobei dieser Begriff sehr viele Bedeutungsnuancen umfasst – neben der geschlechtlichen Liebe gibt es beispielsweise Nächstenliebe, Naturliebe, Menschenliebe und so weiter – und sich daher einer allgemein gültigen Definition entzieht. Sämtliche Befunde der Glücks- und Gesundheitsforschung bestätigen, dass uns alles in allem kein anderer Bereich so viel Lebensfreude schenkt und uns so gesund hält, wie es liebevolle Partnerschaften bewirken.

Andererseits gibt es auch kaum größere Stress- und Unglücksfallen als ungute Beziehungskisten und -krisen. Glücksforscher und Psychologen wissen, dass man in der Liebe nur dann glücklich werden kann, wenn man seine emotionale „Beziehungsintelligenz" entwickelt, wie es der renommierte Psychologe Robert Sternberg formuliert. Seiner Auffassung nach ist die Liebe ein Miteinander dreier unterschiedlicher Erlebnis- und Verhaltensweisen: Hingabe, Intimität und Bindung. Für Paarbeziehungen gilt als eine Art Faustregel: Wer seinem Partner gegenüber hingebungsvoll sein kann, zu intimer Nähe fähig ist und sich verantwortungsvoll bindet – der liebt.

Bei der Hingabe spielt neben der physiologischen auch die psychologische *Erregung* eine große Rolle, unabhängig davon, ob Hingabe sich eher als romantisches Gefühl, körperliche Anziehung oder sexuelles Bedürfnis äußert. Als „große Emotion" motiviert sie die Liebespartner: Vereinigung, Selbstbestätigung, Zugehörigkeit, Dominanz oder auch Unterwerfung sind mögliche Ziele.

Intimität und Nähe als der *emotionale* Liebesanteil beziehen sich auf die Verbundenheit und Zusammengehörigkeit der Liebenden sowie auf den Wunsch beider Beteiligten, dass es dem Partner gut geht. Bei vertrauter Kommunikation und Verständnis handelt es sich aber immer um eine zweiseitige Angelegenheit.

Das wichtigste psychologische Merkmal besteht in der wechselseitigen Selbstöffnung. Die Partner sollten ihre Wünsche, Schwächen und Probleme offen ausdrücken. Wer seine Beziehung als wenig intim oder nahe erlebt, wird sich einsam oder unverstanden fühlen. Bindung dagegen kann eher als *willentlicher* Aspekt bezeichnet werden – etwa als bewusste Entscheidung, eine Partnerschaft aufzubauen oder sie bei Problemen nicht abzubrechen.

Übung 17: Die neun Wege zum Liebesglück

Wann ist eine Beziehung, Ehe oder Partnerschaft wirklich glücklich? In langjährigen Untersuchungen fand die amerikanische Psychologin Judith Wallerstein die im Folgenden beschriebenen Dimensionen des Partnerglücks.

- *Die Vergangenheit abschließen:* Die Partner sind mit sich selbst im Reinen und haben frühere Konflikte bewältigt und ausgeräumt: Glückliche Paare sind nicht nachtragend.
- *Gemeinsamkeiten schaffen:* Auch wenn jeder seine beruflichen oder privaten Nebenwege geht, haben alle glücklichen Paare zumindest ein Minimum gemeinsamer Interessen.
- *Befriedigende sexuelle Beziehung:* Ohne eine Kultur der Lust und ein gemeinsames erotisches Glück kann keine Partnerschaft auf Dauer existieren.
- *Elternrolle annehmen, ohne die Partnerschaft zu vernachlässigen:* Kinder sind für alle glücklichen (Eltern-) Paare eine wichtige Quelle der Freude – allerdings bleibt die bewusst gelebte Zweisamkeit ein unantastbarer Bereich ihres Lebens.
- *Krisen des Lebens meistern:* Glückliche Partner suchen weder Konfrontation noch Streit. Da aber größere oder kleinere Krisen zum Leben gehören, versuchen sie, ihre Probleme zu lösen. Dabei geht es nicht darum, die Dinge unter den Teppich zu kehren, sondern auch im Streit fair und respektvoll miteinander umzugehen.
- *Raum für Streit schaffen:* Viele Paare entwickeln eine konstruktive Streitkultur, die oft mit sehr erfolgreichen Ritualen verbunden ist – wie beispielsweise nicht unversöhnt ins Bett gehen, den Raum für fünf oder zehn Minuten verlassen, wenn der Ärger zu stark wird, erst nachfragen, ob man den anderen gedanklich und gefühlsmäßig richtig verstanden hat und so weiter.

- *Gemeinsam lachen und Langeweile vermeiden:* Glückliche Paare vergessen bei aller Alltäglichkeit und Verhaltensroutine nie, dass Humor, Heiterkeit, Ironie und Witz eine existenzielle Glücksquelle sind.
- *Geborgenheit schenken:* Glückliche Partner pflegen ihre Liebe. Sie sprechen darüber und zeigen sie immer wieder bewusst – vor allem umarmen sie den anderen gerade dann, wenn er einmal schwach ist.
- *Idealisierung und Realität balancieren:* Auch bei der großen Liebe entdeckt man mit der Zeit, dass der Partner ein sehr diesseitiges Wesen mit einigen Widersprüchen und Macken ist. Alle glücklichen Paare können Schattenseiten am Partner aber akzeptieren, ohne seine Schokoladenseiten aus dem Blick zu verlieren.

Auch bei der Sexualität gibt es das Glück nicht umsonst: Wir müssen etwas dafür tun. Der Psychologe Rainer Lutz gibt Paaren folgende bewährte Genuss- und Lustregeln mit auf ihren Weg.

- *Zeit lassen:* Jeder Erfolgs- oder Zeitdruck kann die Lust und das Liebesglück ersticken. Nehmen Sie sich immer genug Zeit für das partnerschaftliche Zusammensein und den gemeinsamen Sex.
- *Lust ist Lebensfreude:* Erlauben Sie sich sehr bewusst, Ihre Sexualität zu leben und zu erfahren.
- *Konzentration:* Liebeslust und -genuss geht nicht nebenher. Konzentrieren Sie sich auf Ihren Partner, nehmen Sie ihn ungeteilt wahr und spüren Sie ihn. Vermeiden Sie es vor allem, an Job, Geld oder andere Dinge zu denken.
- *Weniger ist mehr:* Erstarrte Routinen und ein Zuviel an Möglichkeiten sind gleichermaßen lustfeindlich. Jeder sollte sein persönliches Glücksmaß auch in der Sexualität selbst bestimmen.

- *Herausfinden, was gut tut:* Machen Sie nicht alles, was möglich scheint – sondern nur das, was Ihnen wirklich Genuss bereitet.
- *Erfahrung:* Probieren Sie aus, was Ihnen gut tut und Sie glücklich macht. Erleben Sie Ihre sexuellen Erfahrungen bewusst und achtsam.
- *Alltag:* Sexuelle Freuden gehören zum Alltag, Sie sollten sie sich also nicht nur an Feiertagen gönnen.

In Fragen der Liebe plädiert Csikszentmihalyi jedenfalls für eine eher konservative Einstellung zum Glück: Die dauerhaften Glücksquellen in Partnerschaft oder Familie sind befriedigender als die kurzen Kicks.

Dass Flow nicht nur als rein körperlicher Prozess missverstanden werden darf, sondern „Muskeln und Gehirn gleichermaßen einbezogen“ sein müssen, wie Csikszentmihalyi meint, gilt nicht nur bei der Liebe, sondern auch für den gesamten Bereich des Sports. Wer sich sinnvoll regelmäßig bewegt, tut viel für sein Glück und leibseelisches Wohlbefinden. Sport hilft gegen Schmerzen oder Depressionen, Stress oder Herzkrankheiten.

So dokumentiert die internationale Sport- und Gesundheitsforschung der letzten Jahre, wie gut regelmäßige Leibesübungen für uns wirklich sind. Körperlich aktive Menschen haben demnach nicht nur ein um 50 Prozent geringeres Herzinfarktrisiko als *couch potatoes.* Sie sind auch psychisch aktiver, flexibler – und glücklicher.

Wie sehr Sport unserem Glück wieder auf die Beine hilft, wird bei der Behandlung depressiver Menschen besonders deutlich: „Bei milden bis mittelstarken Depressionen hat sich körperliches Training in *keiner* kontrollierten Studie als wirkungslos erwiesen“, resümieren die Mediziner Gregg Tkachuk und Garry Martin – ob als begleitende Maßnahme oder als Hauptbehandlung. Nach einer Zusammenführung und gründlichen Analyse der Ergebnisse aller vorliegenden Studien empfehlen sie körperliche Betätigung als „effektive und preisgünstige Behandlungsstrategie“ bei depressiven, ängstlichen oder schmerzkranken Patienten.

Sport bringt uns deshalb so in Stimmung, weil er die Muskeln aktiviert und damit die Durchblutung des Gehirns sowie vor allem die Produktion von Endorphinen anregt. Diese Erkenntnis steht im Gegensatz zum jahrzehntelang geltenden Lehrbuchwissen der Sportmedizin, wonach muskuläre Leistungen das höhere Nervensystem und das Gehirn nicht aktivieren.

Gleichzeitig ist Sport ein geradezu idealer Stresskiller. Jede sportliche (Ausdauer-)Aktivität und Bewegung dämpft das vegetative Nervensystem und senkt den Pegel an Stresshormonen. Sport hilft uns so gesehen dabei, den Kopf frei zu bekommen sowie Freude und Glücksgefühle zu erleben. Zudem schützt regelmäßige sportliche Betätigung im Alter nicht nur vor körperlichen, sondern auch geistigen Abbauerscheinungen. Als Faustregel für die Alltagspraxis gilt: Je harmonischer die Bewegungen, desto geringer das Verletzungsrisiko und desto höher der Gesundheits- und Glückswert. Dies trifft vor allem für Ausdauersportarten wie Joggen, Gehen, Wandern, Bergsteigen, Dauerlauf, Skilanglauf, Radfahren, Rudern oder Schwimmen zu, die sportwissenschaftlich als „rhythmische Belastungsformen, bei denen sich die gleiche Bewegung über längere Zeit hinweg wiederholt“ definiert werden.

Wandern: Naturlauf mit Glücksgarantie?

Viele Forscher betrachten Wandern fast schon als den idealen Gesundheits- und Familiensport unserer Zeit. Wer regelmäßig wandert, erfüllt nämlich sein leibseelisches Gesundheitssoll deutlich, ohne mit besonderen Risiken oder Nebenwirkungen rechnen zu müssen. Außerdem erleben wir dabei die Natur hautnah. Wie neuere hirnphysiologische Untersuchungen belegen, zeigt sich beim Anblick schöner Landschaften beim Menschen im Gehirnwellenmuster des EEG ein deutlich verstärktes Auftreten so genannter Alpha-Wellen. Dies weist auf einen emotional höchst angenehmen Zustand hin, den wir als Glück und tiefe körperliche oder psychische Entspannung erfahren.

Die positive Wirkung des Wanderns auf den Kreislauf ist mit der anderer Ausdauersportarten gleichwertig. Es empfiehlt sich, die Aktivität der Wahl dreimal pro Woche für mindestens eine halbe Stunde so intensiv zu betreiben, dass der Puls die magische Grenze erreicht, bei der die andauernde Forderung des Organismus am gesundheitsförderlichsten wirkt – nach der Mediziner-Faustregel bei einer Pulsfrequenz von „180 minus Alter".

Wanderer haben auch einen ähnlich hohen Energieumsatz wie andere Ausdauersportler. Ob Sie zehn Kilometer in zwei, einer oder einer halben Stunde zurücklegen, ist nur von untergeordneter Bedeutung, da der Körper etwa gleich viele Kalorien verbrennt.

Vielleicht hilft Sportmuffeln auch die Einsicht, dass regelmäßiger Sport und körperliche Aktivitäten einen anderen Glücksbringer deutlich fördern: Wie US-Studien zeigen, erhöht regelmäßige Bewegung nämlich die Potenz. So fand der amerikanische Forscher John McKinlay heraus, dass nach einem neun Monate langen Trainingsprogramm nicht nur die körperliche Fitness um etwa 30 Prozent verbessert war und sich das Körperfett um etwa denselben Anteil verringert hatte – auch die Häufigkeit des Geschlechtsverkehrs hatte um ein Drittel zugenommen.

Wie sehr Sport unsere Glücksfähigkeit fördert, verdeutlicht die Tatsache, dass er für viele Menschen die wichtigste Flowquelle sein kann – vor allem wenn es um Extremsport geht. So zeigen alle Untersuchungen, dass Fallschirmspringer, Eiskletterer, Airsurfer, River-Boogie-Fans und alle anderen Abenteuersportler das Glück des Flow erfahren.

Gewöhnlich deutet man die Motivation der *thrillseeker* bei gefährlichen Sportarten als eine Art pathologisches Bedürfnis. Für manche Psychologen versuchen diese Menschen, eine tief sitzende Angst zu vertreiben, diese zu kompensieren oder „risikogeil" zu sein, weil sie zwanghaft eine ödipale Fixierung ausagieren müssen. „Zuweilen spielen derartige Motive eine Rolle", meint Csikszentmihalyi. Doch ist ihm aufgefallen, dass die Freude der Sportler nicht der Gefahr selbst entspringt, sondern der Fähigkeit, diese zu minimieren. Im Gegensatz zum pathologischen Kitzel, Gefahren herauszufordern, empfinden die Menschen dabei ein absolut gesundes Gefühl, weil sie es schaffen, potenziell gefährliche Kräfte zu kontrollieren.

Dabei ist zu beachten, dass alle Flowerlebnisse auslösenden Aktivitäten, auch die scheinbar riskantesten, so aufgebaut sind, dass sie es dem Kicksuchenden ermöglichen, die entsprechenden Fähigkeiten zu entwickeln, um das Risiko weitestgehend auszuschalten. Felskletterer sprechen beispielsweise von subjektiven und objektiven Gefahren. Erstgenannte entstehen aufgrund mangelnder Fähigkeiten eines Bergsteigers, zum Beispiel wenn er den Schwierigkeitsgrad eines Aufstiegs im Verhältnis zum eigenen Können nicht einzuschätzen weiß. Objektiv gefährlich sind äußere, unvorhersehbare Ereignisse: eine Lawine, ein plötzlicher Sturm, Steinschlag, abfallende Temperaturen. Auf diese Bedrohungen kann man sich vorbereiten, sie aber nie kontrollieren.

Es geht also in erster Linie darum, objektive Gefahren so weit wie möglich zu vermeiden und subjektive durch strenge Disziplin sowie vernünftige Vorbereitung auszuschließen. Daher sind Bergsteiger davon überzeugt, so Czikszentmihalyi, es sei weniger gefährlich, das Matterhorn zu erklimmen, als in Manhattan eine Straße zu überqueren. Denn die objektiven Gefahren – Autos, Radfahrer, Busse, Taschendiebe – seien dort viel weniger vorhersehbar als diejenigen in den Bergen. Für den Flowforscher ist deshalb klar, dass es den Menschen weniger Freude bringt, generell Herr der Lage zu sein, sondern vielmehr das Gefühl, in schwierigen Situationen Kontrolle auszuüben, Glück auslöst. Eine Kontrolle, die aber leicht nur Illusion sein kann, wie der Psychologe Falko Rheinberg bei seinen Untersuchungen über Motorradfahren im Flow feststellte. Warum, fragte sich der ehemalige Biker, steigen erwachsene Menschen auf ein Motorrad und entwickeln häufig einen übermäßig riskanten Fahrstil? „Da passiert irgendetwas, was uns Motorradfahrer veranlasst, unsere guten Vorsätze außer Acht zu lassen", erkannte Rheinberg.

Seine Vermutung, dass Motorradfahrer während der Fahrt Flow erleben, bestätigte sich. So gab beispielsweise ein Drittel der Biker an, beim Fahren „gänzlich oder ständig" ihre Selbstwahrnehmung zu verlieren, zwei Drittel sprachen von „zeitweiligem" Verlust der Selbstwahrnehmung und noch mehr blendeten alle anderen Wahrnehmungen und Gedanken aus – die Konzentration ist nach ihren Angaben „perfekt und zugleich mühelos". 90 Prozent der Motorradfahrer berichteten, dass die Fahrt „um ihrer selbst willen geschieht" und keinem sonstigen Zweck diene. 83 Prozent haben das Gefühl, den zügigen Ablauf zu beherrschen und auf alle möglichen Anforderungen perfekt reagieren zu können. Und mehr als 80 Prozent der Befragten empfanden ein völliges Aufgehen im Fahren: Bei ihnen stellte sich eine „untrennbare Einheit von Fahrer und Maschine" ein. Während des Flow erlebten die Biker ein Gefühl von Glück und Harmonie und beschränkten ihre Empfindungen auf das „Hier und Jetzt".

Das Problem: Fahren im Flow erscheint subjektiv zwar

sehr sicher, doch steigen die objektiven Gefahren. Der Fahrer kann im Flow nicht mehr an einen defensiven Fahrstil denken, weil er völlig „in der zügigen Regulation des laufenden Geschehens aufgeht". Da auch diese Untersuchung zeigte, dass Angst und Flow offenbar unvereinbar sind, stiegen mit der Flowintensität zum einen die Risikobereitschaft des Fahrers und die „persönliche Richtgeschwindigkeit", zum anderen die Häufigkeit von Unfällen oder Stürzen.

„Droge Flow": Macht Flow süchtig?

Csikszentmihalyi charakterisiert Flow des Öfteren eher salopp als „positive Sucht", ohne allerdings auch kritische Momente in diesem Zusammenhang zu übersehen. „Die Flowerfahrungen können zwar die Lebensqualität verbessern, indem sie die Ordnung im Verstand verbessern", weiß der Flowforscher. „Doch sie können süchtig machen: Und dann wird das Selbst zum Gefangenen einer bestimmten Ordnung und unwillig, sich mit den Zweifelsfällen des Lebens abzufinden."

Fast alle erfreulichen Aktivitäten können in dem Sinne süchtig machen, so Csikszentmihalyi, dass sie – statt eine bewusste Entscheidung darzustellen – zur Notwendigkeit werden, die andere Tätigkeiten behindert. So bekundeten seine Versuchsteilnehmer häufig ausdrücklich, dass sie von ihrem Tun abhängig seien: „Das ist wie Heroin", bezeugte ein Chirurg. Und das Suchtpotenzial des Flow betrifft auch kriminelle Energie. „Zeig mir, was ebenso viel Spaß macht, wie nachts in ein Haus einzusteigen und den Schmuck zu klauen, ohne jemanden zu wecken, und ich würde es tun", meinte ein Gefangener.

Tatsächlich zeigen Experimente von Csikszentmihalyi und des deutschen Motivationspsychologen Falko Rheinberg, dass Menschen den Zustand des Flow suchen, weil sie ihn brauchen: Ob Freeclimber, Motorradfahrer oder Schachspieler, die meisten derjenigen, die auf ihre tägliche Glücksdosis Flow verzichten mussten, aber ansonsten ihr normales Leben führten, reagierten mit deutlichen *Entzugssymptomen*. Sie wurden schneller müde, allgemein schläfriger, fühlten sich ungesünder und nervöser, neigten zu Kopfschmerzen sowie depressiven, niedergeschlagenen Stimmungen.

Der kritische Punkt ist der Verlust der Kontrollfähigkeit: „Wenn man von der Fähigkeit zur Kontrolle zu abhängig wird, kann man nichts anderem mehr Aufmerksamkeit schenken", so der Flowforscher – und verliere damit jede Kontrolle. Am größten scheint diese Suchtgefahr bei den Extremsportarten zu sein, zu denen auch das Motorradfahren zählt. Allerdings gibt es keine verlässlichen Zahlen, da Flow als Suchtform die Forschung bisher nur am Rande interessierte.

Die Sportpsychologin Bettina Schaar von der Kölner Sporthochschule fand heraus, dass auch andere Sportarten wie Inlineskaten, Skifahren oder Schlittschuhlaufen glücklich machen – und vielen Flow verschafft: „Das Gleiten wird einfach als schön erlebt", erklärt Schaar. „Ein Driften in einen Glückszustand ohne Anspannung und Grübeln." Wie bei jedem Sport entsteht der Flow auch beim Skaten nie zufällig – Voraussetzungen sind vielmehr hartes Training, Konzentration und Können oder Technik. Kurse darin geben die Flowschulen. „Nach etwa 24 Unterrichtsstunden sind die meisten reif für den Flow", erklärt Schaar.

Gleiches gilt für die so genannten Freestylesportler, zum Beispiel Mountainbiker oder Snowboarder. So betont der Schweizer Freestyleexperte und Veranstaltungsorganisator Erwin Flury, dass die meisten Freestylesportler „die Zeit des Flow maximieren" wollen. Auf die Frage, was Freestylesportarten von herkömmlichen unterscheide, antwortete Flury: „Es sind Sportarten für Menschen, die den Flow suchen.“ Das Ziel von Freestylesportlern sei jedenfalls nicht, einen Titel zu erringen oder Geld zu verdienen – zumindest nicht in erster Linie –, sondern die Dauer des Flowempfindens zu verlängern. Dabei macht schon das Lernen der Sportarten Spaß. „Man braucht nicht endlos auf einen Leistungsgipfel hin zu trainieren“, betont Flury. „Stattdessen hat man ein riesiges Potenzial für den Ausbau seines eigenen Könnens.“

Eine ganz andere Sicht der Dinge hat der Fallschirmspringer Gert Semler: „Flow ist Meditation“, erklärt der Psychologe und Extremsportler. Allerdings nicht im herkömmlichen Sinne: Während Meditation „aus der Stille heraus“ erfolgt und die Versenkung ihr eigentliches Ziel darstellt, ist Flow häufig mit äußerer Aktivität gekoppelt und letztlich nur das emotionale und geistige Nebenprodukt einer großen Herausforderung. „Vielleicht brauchen wir wirklich die große Herausforderung, um das zu erreichen, was tiefer Glaube zu vollbringen im Stande ist: Unsere ganze Konzentration zu mobilisieren und auf den Punkt auszurichten“, so sein visionärer Ausblick.

„Ein glückliches Leben muss in sehr weitem Maße ein stilles Leben sein, denn nur in stiller Luft kann wahre Freude gedeihen."
(Bertrand Russell)

Lebenskunst: Glück ist keine Glückssache

Unsere Gesellschaft, darüber sind sich die Soziologen und Kulturforscher einig, ist im letzten Jahrzehnt eine Erlebnis- und Spaßgesellschaft geworden. Jede Menge *fun, events* – und *Genuss.* Dennoch sind die Menschen offenkundig nicht so glücklich, wie sie es selbst wünschen, vorgeben zu sein – oder sein sollten.

Spaßgesellschaft und Lifestyle: vergebliche Jagd nach dem großen Glück?

„Erlebe Dein Leben!", formuliert der Soziologe Gerhard Schulze den Imperativ unserer Erlebnis- und Spaßgesellschaft. Jeder soll sein ganz persönliches Glück nach Kräften verwirklichen. Gut-drauf-Sein ist *in* und *hip* und *voll krass gut.* Das umfassende Angebot zum Glücksshopping und -hopping, wie es in Werbung und TV offeriert wird, ist verlockend. Vom Abenteuerurlaub über den ultimativen Glückskick des Extremsports bis hin zu Tantraseminaren in der nächsten Volkshochschule – es wird jede Menge *fun* und *entertainment* versprochen.

„Erlebe dein Leben!" ist bei genauerem Hinsehen allerdings eine Vorgabe, die viele Menschen zu immer ausgefalleneren, riskanteren und teureren Fun-Aktivitäten treibt und das vermeintliche Vergnügen häufig zur mühevollen, stressigen Angelegenheit werden lässt. Da sich subjektive Lebensqualität im Alltag und Beruf zudem an dem objektiv meist unerreichbaren Ideal – jugendliches, makelloses Aussehen sowie eine fast unbegrenzte körperliche und geistige Leistungsfähigkeit – messen muss, überfordert die postmoderne Fun-Gesellschaft die Menschen zunehmend.

Hilft uns die modisch gewordene Lockerheit und Spaßigkeit, mit den Herausforderungen unserer Zeit besser umgehen zu können? Stressfreier und gelassener auf die Verunsicherungen einer sich rasant verändernden, unübersichtlichen Umwelt zu reagieren?

Die empirischen Zahlen sprechen dagegen: Depressive Störungen beispielsweise haben sich in den letzten vier Jahrzehnten im Westen verzehnfacht. Gleichzeitig verbreiten sich Angststörungen, steigt die Suizidalitätsrate und erhöht sich die Häufigkeit von Gewalttaten oder Alkohol- und Drogenabhängigkeit – allein in Europa hat sich nach Angaben der Weltgesundheitsorganisation WHO das Auftreten psychischer Krankheiten und Störungen in den letzten 20 Jahren mindestens verdoppelt. Mit anderen Worten: Alles in allem hat sich nicht unser Glückspotenzial wesentlich entwickelt, sondern das Unglück.

Meinungsumfragen bestätigen ebenfalls die Tendenz, dass sich das subjektive Wohlbefinden in der Erlebnisgesellschaft zunehmend verschlechtert. Weil es für die Individuen immer schwieriger wird, ein dauerhaft positives Selbstwertgefühl zu entwickeln, sind Selbstunsicherheit und Schüchternheit längst Zeitkrankheiten geworden, davon sind viele Verhaltensforscher wie Leon Wurmser überzeugt. Obwohl Scham und die vielen Schamängste nach Möglichkeit überspielt werden, leiden viel zu viele Menschen an diesem verhängnisvollen Gefühl, mit ihnen sei irgendetwas nicht in Ordnung.

Neueste Erhebungen bestätigen, dass weder Kaufkraft noch Konsum zum höchsten aller Gefühle führen. Geld, Karriere oder Fun machen nicht glücklich, „Shopping & F...-ing" sind keine Heilsbringer – wie die Daten der erwähnten Welt-Glücksstudie Ingleharts nachhaltig bestätigen. Denn danach stehen Nigeria und andere Länder mit geringem Entwicklungs- und Wohlstand oben auf der Glücksliste und insgesamt besser als der reiche Westen. Bekundeten im Jahr 1957 noch 35 Prozent aller Amerikaner, dass sie mit ihrem Leben „sehr zufrieden" seien, meinen dies 40 Jahre später trotz deutlich gestiegenem materiellen Lebensstandard nur noch 30 Prozent. Und die Humorforscher berichten, dass wir heute durchschnittlich noch sechs Minuten pro Tag lachen, während es in den fünfziger Jahren immerhin 16 Minuten waren.

Die Jagd nach dem „konsumtiven Glück" ist jedenfalls kein Garant für ein erfülltes, zufriedenes Leben – das Gegenteil trifft zu. Die Glücksforscher widerlegen deutlich, dass passiver Konsum nach der Devise „Kaufe und konsumiere dich glücklich" unser Lebensglück fördert. In den meisten Fällen führt die Masse an Fun- und Eventkicks lediglich dazu, dass die Sinne abstumpfen und die Reizdosis erhöht werden muss. Glücklich macht das Leben auf der Überholspur jedenfalls nicht – eher werden die Menschen dadurch unglücklich und krank.

Ähnliche Kritik äußert auch der Psychologe Wolfgang Schmidbauer an der verbreiteten Siegermentalität, die seiner Meinung nach als psychologischer Irrweg gewertet werden muss: „Glück heißt mühelose Bereicherung", so gaukle uns die Werbung vor. Wer aber so denkt, fühlt und lebt, der wird früher oder später auch kleine und völlig normale, unausweichliche Misserfolge oder Frustrationen als Niederlagen erleben – und sich als gescheiterten Verlierer sehen. Für die ebenso kultivierte wie lifestyleerfahrene Modepäpstin

Vivienne Westwood ist unsere Gegenwartskultur mittlerweile nur noch eine „hässliche Spaßgesellschaft".

Was aber sollte an Fun und Spaß als großem Lebensentwurf unserer Zeit so tadelnswert sein? Der Psychologe und Humorforscher William Fry betont, dass Lebensfreude viele Quellen hat – Spaß sei nur eine davon. Ob Humor oder Spiel, Amusement, Unterhaltung, Blödeln und sonstiger Frohsinn – alle diese Formen von Freude sind in Ordnung und gehören zur menschlichen Natur. Allerdings hat wirklicher Humor immer einen Weggefährten an seiner Seite: und zwar die Empathie. Humor ohne Mitgefühl ist kein Humor, da hört der Spaß auf.

Glücklich sein können können wir nur, wenn wir mit anderen lachen – und nicht über sie. Genau dadurch unterscheidet sich Humor von aggressiven, hinterhältigen oder anderen, als „Fun" maskierten Bösartigkeiten. Vieles, was heute als Spaß gilt, so Fry, sei aber nur Zynismus – und den dürfe man nie als Humor oder humorvolles Verhalten verstehen.

Zynismus ist keine „humorähnliche" Einstellung, sondern eine psychologische Verteidigungs- oder Angriffshaltung in zwischenmenschlichen Beziehungen. Unabhängig davon, ob ein Zyniker sich aggressiv, zurückhaltend oder gar sanft verhält – er wird niemals humorvoll sein, da ihm empathisches oder warmherziges Verhalten völlig fehlt. Darüber hinaus ist es sicher hilfreich, bei der Suche nach dem Glück im Leben die Frage nach dem *Sinn* nicht aus dem Blick zu verlieren.

Im Wesentlichen sind es vier Dimensionen, in denen wir Sinn finden und erleben: Ziele, Werte, Anerkennung und Kontrolle.

- *Ziele:* Wer glaubt, ohne irgendwie verpflichtende Zielvorgaben glücklicher leben zu können, gibt sich einer Illu-

sion hin. Es zählt zu den anthropologischen Bedingungen unseres Leben, etwas bewirken und schaffen zu wollen. Ob es sich dabei um extrinsische, das heißt außengeleitete, oder innerlich motivierte Ziele handelt, ist ohne Bedeutung, ohne sie wird das meiste Handeln sinnlos. Sie reichen von einfachen und alltäglichen Vorgaben – heute Vormittag den Schreibtisch aufräumen und heute Abend den Verwandten anrufen – bis zu kleinen und großen Lebenszielen: den Traumjob oder die alles überdauernde und -strahlende Liebe finden.
Machen Sie sich immer wieder bewusst, wie Ihre alltägliche und weniger alltägliche Zielplanung beschaffen ist. Prüfen Sie aber vor allem, ob diese Vorhaben Ihrem Glück wirklich dienen.

- *Werte:* Feste Wertvorstellungen und Überzeugungen sind die Basis für unsere psychische und seelische Entwicklung. Ohne übergeordnete Welt- und Lebensbilder können wir als „transzendentale" Wesen nicht leben, da wir bewusst oder unbewusst Antworten auf die großen Geheimnisse unserer Existenz suchen müssen: Woher kommen wir? Wohin gehen wir? Was sollen wir tun? Alle religiösen, spirituellen, philosophischen, wissenschaftlichen oder politischen Wertsysteme und Denkgebäude geben unserem Verhalten einen Sinn – uns selbst und anderen gegenüber.
  Machen Sie sich bewusst, welche Werte Ihr Leben sinnvoll machen und Ihr Glück beeinflussen.
- *Anerkennung:* Wir sind soziale Wesen, die ein Leben lang von den Beziehungen zu anderen abhängen – im guten wie im weniger guten Sinne. Ohne soziale, freundschaftliche, partnerschaftliche, kollegiale oder familiäre Anerkennung würde uns ein elementarer Sinn- und Glücksbringer fehlen: und zwar das Selbstwertgefühl – die Wahrnehmung, als Mensch wertvoll zu sein.

So zeigt beispielsweise die Forschung zum neuen Modell der „Ökonomie der Aufmerksamkeit" eindrucksvoll, dass die zwischenmenschlichen Sphären unser Leben auch in individualisierten Zeiten der Single-Gesellschaft bestimmen. In der Informationsgesellschaft steht demnach nicht Information oder Wissen im Mittelpunkt, sondern *Aufmerksamkeit* – ob im Geschäfts- oder Privatleben. Denn wer nicht wahrgenommen wird, so die empirische Botschaft aus unserem postmodernen Alltag, den gibt es nicht.

- *Kontrolle:* Wer sich machtlos fühlt, lebt ein sinnloses und unglückliches Leben – ein andauernder Kontrollverlust ist oft direkte Ursache von Depressionen. Sich dagegen als kompetent und wirkungsvoll zu erleben, ist fast so etwas wie eine psychologische Lebensversicherung für Sinn, Wohlbefinden – und Glück.
  Machen Sie sich klar, was Kontrolle in Ihrem Leben bedeutet: In welchen Bereichen sind Sie stark und fähig? Wie prägen diese Ihr Lebensglück?

Einen ganz anderen Sinn und ein wesentliches Glück im Leben verspricht auch die allzu häufig vergessene Fähigkeit zur *Vita contemplativa.* Die Kunst des Müßiggangs versteht der amerikanische Stressforscher Paul Rosch als „die Freiheit zu genießen, nichts zu tun". Wie Psychologen und Erholungsforscher betonen, zählt es zu den größten Missverständnissen, Freizeit per se für gesundheitsförderlich oder erholsam zu halten.

So weiß die Gesundheits- und Erholungsforschung heute, dass eine gesunde Freizeitgestaltung nötig ist, um einen erholungsförderlichen Lebensstil zu entwickeln. Besonders erholsam für Körper und Geist wirkt sich die Fähigkeit des „Sich-Zeit-Lassens" aus. Dazu muss sich der Einzelne aber von vielen Verlockungen unserer auf Dauerstress getrimmten Erlebniskultur distanzieren, sich im Müßiggang üben und seine freie Zeit genießen lernen. Die sehr erholsame Kunst der Muße ist nicht aller Laster Anfang, sondern fördert unsere Lebenskräfte und unser Glückspotenzial.

In allen Kulturepochen und Bevölkerungskreisen habe das „angeborene Wissen" um Entspannung, Ruhe und Muße zur Entwicklung von Praktiken geführt, die dem Körper Erholung gewähren und vor Überlastung schützen, erläutert der Stressforscher Dieter Vaitl. Ob Vor-sich-hin-Dösen, Meditieren, Beten, Sich-Unterhalten und „Tratschen", Spielen, Singen oder Tanzen – alle diese Formen der glücksoffenen „Alltagskunst des Müßiggangs" sind dem modernen Menschen meist verloren gegangen.

Wissen Sie noch, was Muße bedeutet? Wann waren Sie das letzte Mal richtig frei, um rein nichts zu tun? Waren Sie dabei glücklich?

Der Wertewandel und die Globalisierung haben das Leben vieler Menschen innerhalb weniger Jahrzehnte einschneidend verändert. Im Vergleich waren unsere Vorfahren zwar nicht reich an materiellem Besitz oder besaßen nicht so viele technische Möglichkeiten, aber sie wussten, wie man eine relativ stressfreie, ebenso bescheidene wie beschauliche Existenz und die freie Zeit mit kleinen und großen Lebensfreuden genießen konnte.

In der modernen Welt dagegen bedeute Zeit bekanntlich Geld, betont Paul Rosch, und Freizeit ist für viele offensichtlich zu einem Luxus geworden. So arbeiten in den USA mehr als die Hälfte aller Dienstleistenden wenigstens 60 Stunden in der Woche, jeder Vierte sogar mehr als 70 Stunden wöchentlich. Von den Managern waren fast drei Viertel auch im Urlaub immer und überall erreichbar, fast jeder Zweite erkundigte sich selbst regelmäßig nach dem Stand der Dinge im Business – in Deutschland zeichnen sich bereits ähnliche Entwicklungen ab.

Die Vorstellung, Relaxen, Sich-auf-die-faule-Haut-Legen oder Faulenzen als existenziellen Wert zu betrachten, wird vielen merkwürdig erscheinen. Trotz allem Wertewandel innerhalb der letzten Jahre erscheint die leistungsorientierte Arbeitsethik immer noch die lohnenswerteste Form menschlichen Tuns überhaupt zu sein – ob in der Forschung oder bei der Hausarbeit, bei künstlerischen oder sportlichen Übungen. Umgekehrt wird dem Nichtstun als Zeitvertreib sehr viel weniger Wert oder Sinn beigemessen. Einen Großteil unserer Freizeit verbringen wir damit, an irgendetwas zu „arbeiten".

Müßiggang: Tun Sie nichts – und werden Sie glücklich

So fordert auch Csikszentmihalyi die Menschen ausdrücklich dazu auf, der Muße und Entspannung als achtsames, konzentriertes und kreatives Nichtstun genügend Zeit einzuräumen. Vielen von uns würden einige Lektionen in der Kunst der kontemplativen Selbsterneuerung und des Müßiggangs sicherlich ganz gut tun.

Hierzu eine Übung, die als sinnvoller Anfang dafür betrachtet werden kann: Setzen Sie sich in Ruhe hin und schreiben Sie all die Aktivitäten auf, die Sie im Verlauf der letzten Monate wirklich genossen haben. Beantworten Sie die folgenden Fragen:

- Fanden diese Aktivitäten am Abend, am Wochenende oder während der Ferien statt?
- Waren Sie allein oder zusammen mit Freunden und Familie?
- An welche Erlebnisse können Sie sich erinnern, die Sie zutiefst erfreuten und Sie seelisch im Wortsinne aufbauten?

- Was schenkte Ihnen persönlich die größte Erfüllung oder Glück? Unterhaltung, körperliche Aktivitäten, kreatives, künstlerisches Tun, Entspannung, Abenteuer, geistige Herausforderung, etwas zu Ende zu bringen, Soziales wie Gemeindearbeit, Geselligkeit und Freundschaft, geistig-spirituelle Entwicklung oder persönliches Wachstum? Gibt es in der Aufzählung etwas, das Sie zwar gerne tun würden, an das Sie aber noch nicht gedacht haben? Oder ist Ihre Freizeit so alltäglich und banal geworden, dass sie meist mit Fernsehen verbracht wird?

Die verräterische Rede vom Freizeitstress offenbart, dass es im Lifestyle nicht primär um „Freie Zeit" geht, die Möglichkeiten zu Entspannung, Erholung und Muße bietet. Sondern darum, aus den 24 Stunden möglichst 25 oder mehr Stunden zu machen. Wie Umfragen zeigen, versuchen die meisten Menschen, ihre freie Zeit genauso zu managen wie ihre Arbeitszeit. Dabei vergessen sie, dass wir für unser Glück achtsam und konzentriert durch das Leben gehen sollten – mit offenen Sinnen und Herzen.

Wir sollten vor allem auch unserem Seelenheil und einer glücklich-heiteren Gelassenheit zuliebe versuchen, die Kunst des Müßiggangs und der Kontemplation zu kultivieren – nur so können wir auch unserem inneren Auge das Licht geben, das es benötigt.

Wann haben Sie die letzte mußevolle Auszeit genommen? Wissen Sie noch, wie eine Wiese riecht? Oder welche Farbenpracht einen Sonnenuntergang begleitet? Nein?

Eudämonie: sich ein schönes Leben machen

Wohlbefinden, Lebenszufriedenheit und Glück sind natürlich keine Konzepte, die von der modernen Psychologie erfunden worden sind. Diese großen Fragen der Menschheit haben vielmehr eine lange Tradition in der Kulturgeschichte. Vor allem Aristoteles, Seneca und Epikur machten sich kluge Gedanken über die Lebenskunst und das „glückselige Leben“ als höchstes Gut, das die Griechen als *eudaimonia* („Eudämonie“) bezeichneten.

Auch wenn die griechischen Denkschulen unterschiedliche Auffassungen vertraten, mit welchen Mitteln man sich auf den Weg zum Glück machen sollte, waren sie sich einig, dass der höchste Zweck oder Sinn im Leben einzig die Eudämonie sein könne. *Eudaimonia* wird meistens mit „Glückseligkeit“ übersetzt, da es allerdings eine existenzielle Seinshaltung und keinen momentanen Zustand der Seele bezeichnet, sollte man es treffender mit „gelingendem Leben“ wiedergeben – wörtlich bedeutet Eudämonie „einen guten Geist haben“.

„Glück ist das Leben, das das Beste, Schönste und Lustvollste realisiert“, hatte zwar schon Aristoteles definiert. Aber da man auf dem eudämonisch erleuchteten Glücksweg alle Sinnesfreuden im richtigen Maß genießt, also nicht die Ziele des Hedonismus verfolgt, geht es in einem wahrhaft erfüllten Leben um mehr. Um wie viel mehr zeigte vor allem der Philosoph Wilhelm Schmid, der in einer glänzenden Neuinterpretation der *eudaimonia* das gesamte Denken der antiken Lebenskunst für die Postmoderne zugänglich und fruchtbar gemacht hat.

„Lebenskunst ist das, was übrig geblieben ist nach dem Ende der großen Entwürfe zur Beglückung der Menschheit“, betont Schmid.

Die Rückkehr zum Selbst, zum einzelnen Individuum, das wieder damit beginnt, sich selbst und das Leben neu zu gestalten, ohne die alten Illusionen des materiellen Fortschritts oder eines politischen oder sonstigen Paradieses zu hegen. Individuelle Lebenskunst stärke dabei keineswegs den Individualismus als „Fixiertheit des Individuums auf sich selbst“, erklärt der Philosoph, sondern erkennt jede „Egozentrik als unkluge Engstirnigkeit“.

Vielmehr bemüht sich dasjenige Individuum um Lebenskunst, das sich „nicht von individualistischer Arroganz leiten lässt, sondern sich selbst zu führen weiß“, indem es ein reflektiertes Verhältnis zu sich selbst begründet, starke Beziehungen zu anderen herstellt und sich an der Gestaltung der Gesellschaft zu beteiligen versucht.

Seine *Philosophie der Lebenskunst* ergänzt Schmid durch den Leitstern des glücklichen, von Eudämonie erfüllten Lebens als ein schönes, gelassenes und heiteres Leben. „Schön“ oder „heiter“ sollte hierbei allerdings nicht mit *fun* verwechselt werden, vielmehr geht es um ein Dasein, das erfüllt ist, weil es die gesamte Bandbreite des Lebens zwischen Positivem und Negativem umfasst – „nicht nur ein bequemes Leben, sondern auch ein Leben mit dem Widrigsten auf die schönste Weise“, betont Schmid. Der Sinn des Lebens, der im Schönen gefunden wird, umfasst also auch Negatives. Entscheidend ist, dass das Leben insgesamt als bejahenswert erscheint.

Mit schönem Leben ist also nicht das „moderne Glück“ gemeint, erklärt Schmid, schon gar nicht das „konsumtive Glück“, das von der Spirale des Verbrauchs und des Verschleißes der Güter und Beziehungen lebt – „meist als angenehmer Dauerzustand vorgestellt, voller Lust, ohne Schmerz, voller Nichtstun, ohne Arbeit“. Ein Zustand jedenfalls, den die meisten nicht erreichen „und darob unglücklich sind“. Während die, die ihn erreichen, so der Philosoph ironisch, „auch nicht zu beneiden sind, denn es gibt keine Erholung von diesem Glück“.

Da wir das Leben als Ganzes annehmen sollen, ist auch die Heiterkeit im klassischen Sinne abgründig. Denn gerade dann, wenn das Leben schwer wird, ist Heiterkeit „als Erleichterung zu entdecken, die sich in der Konfrontation mit dem Abgründigen einstellt und sich dadurch auszeichnet, die zugrunde liegende Tragik nicht zu leugnen“, erläutert Schmid.

Diese abgründige Heiterkeit kann als eine Schwester der Ironie gelten – als die Kraft, mit der wir unser Lebensschiff über Wasser und auf Kurs halten. „Sie akzeptiert die grundlegende Widerspruchsstruktur unseres Daseins und verhindert so, dass die Dinge nur gut, nur böse, nur schön, nur hässlich sind.“ Vor allem ist diese Heiterkeit als autonome, innere Haltung das „Gegenteil jener äußerlichen, fremdbestimmten Macht, die es sich angelegen sein lässt, die allgemeine Fröhlichkeit zu simulieren“, erklärt Schmid.

Natürlich haben in dieser Seinshaltung der „abgründigen Heiterkeit“ Fröhlichsein, Spaß und festliche Ausgelassenheit ihren Platz – wie es schon der große Epikuräer Seneca beschrieb: „Man muss dem Geist Erholung einräumen und ihm immer wieder Muße gönnen, die ihm zur Nahrung und Kräftigung dient. Auch soll man sich auf ungedeckten Promenaden ergehen, damit der Geist unter freiem Firmament und an frischer Luft sich belebe und erhebe. Gelegentlich werden ein Ausritt, eine Reise und ein Aufenthalt in einer anderen Gegend neue Kraft geben, geselliges Zusammensein und ein recht ungezwungener Umtrunk. Manchmal soll man's auch fast bis zu einem Rausch kommen lassen, aber nicht so, dass er uns ertränke, sondern nur eintauche.“

Die Betonung im letzten Satz liegt auf *fast.* Schon der häufig als Hedonist missverstandene Epikur hatte gelehrt: „Nicht jede Lust wählen wir.“ Was so viel bedeutet wie Grenzen ziehen zu können – und manchmal lieber über viele Lüste hinwegzugehen. Selbst das Unangenehme kann akzeptiert werden, „sogar viele Schmerzen halten wir für besser als die Lüste, wenn eine größere Lust für uns darauf folgt“, fand Epikur. Wir müssen uns allerdings über zwei

Fragen bewusst werden: In welchen Zusammenhängen lebe ich? Und: Wie lassen sich Zusammenhänge herstellen, in denen es sich leben lässt?

Lebenskunst ist daher vor allem „Arbeit an sich selbst" – ein dauerhaftes Glück basiert auf Selbstkontrolle, erkannte auch der Philosoph und Logiker Bertrand Russell. Hat man dies verstanden, erscheinen die modernen Glücksritter der Event- und Spaßgesellschaft wie Schönwetterkapitäne, die bei jedem Lebenssturm die Orientierung verlieren. „Sich ein schönes Leben zu machen, bedeutet glücklich zu werden, indem man sein Dasein so gestaltet, dass es *bejahenswert* ist", erklärt Schmid den *existenziellen Imperativ der Lebenskunst.* Es gebe nur eine einzige wirkliche Sünde gegen sein Glück: Ein Leben zu führen, das nicht bejaht werden kann.

Wer sich ein schönes, abgründig heiteres und eudämonisches Leben zu machen versteht, entgeht damit auch einer Falle, in die viele Lifestyle- und Fun-Junkies tappen: dem schon in der Antike bekannten „Paradoxon des Hedonismus". Wer nur um des Glückes willen nach Glück strebt, wird es in genau diesem Maße verfehlen, denn „Glück ist das Vertrauen darauf", so der Buddhist Thich Nhat Hanh, „dass wir Enttäuschung und Schmerz aushalten können, und dass Lieben auf lange Sicht stärker als Hass sein wird. Glück bedeutet, nicht an Genuss und Lust gefesselt, nicht von uns selbst besessen zu sein."

Dies verdeutlicht den ursprünglichen Wortsinn der Eudämonie – einen guten „Dämon" oder Geist haben. Das erfüllte, schöne Leben war für die Griechen etwas Göttliches. Um dieses höchste Glück zu erreichen, muss der Mensch vernünftig handeln und einen „guten Daimon" in sich haben, den Sokrates als göttlich inspirierte, menschliche Weisheit verstand. Der *daimon* als „innere Stimme" war Mittler zwischen Gott und Mensch, wobei Gott nicht als persönlicher Gott begriffen, sondern als kosmisches Prinzip vorausgesetzt wurde.

Das Glück der Eudämonie lässt das endliche Wesen Mensch also an der Erfahrung der Unendlichkeit teilhaben. „Man wählt dieses Glück", so Schmid, „indem man diesem Prinzip Raum gibt in sich selbst, sein Leben also durchdringen lässt von einer Kraft, die umfassender ist als die des Individuums selbst." Eudämonie ist daher eine gewissermaßen im Kosmos geborgene, abgründig heitere und gelassene Wohlgestimmtheit. Ein wirklich eudämonisches Leben ist daher alles andere als von guten Geistern verlassen. Modern ausgedrückt bedeutet dies, dass wir in Sachen eigenes Lebensglück sehr viel stärker als bisher lernen müssen, auf unsere Intuition, unsere innere Stimme zu vertrauen – oder diese erst wieder hörbar zu machen.

Auch wenn jeder Einzelne selbst entscheiden muss, was das Schöne und Bejahenswerte in seinem Leben ist, kann die Philosophie der Lebenskunst helfen, den Alltag stärker zu genießen, die eigenen Glückspotenziale zu entdecken und Schwierigkeiten gelassener zu begegnen. Für unser Lebensglück haben wir jedenfalls „die Wahl der Kriterien, die Wahl der Ziele, die Wahl der Werte", betont Schmid.

Balancing: Lebensrhythmen des Glücks

Ziehen wir eine Bilanz. Wie können wir unser Glück fördern? Was können und sollen wir heute für das Jetzt und Morgen tun, wenn wir ein glückliches, schönes und bejahenswertes Leben führen wollen? Welche Zusammenhänge sind für unser Lebensglück wichtig? Und welche Kriterien, Ziele und Werte?

Um den bisherigen Streifzug durch die Welt des Glücks zu reflektieren, bieten sich folgende „Vorsätze zum neuen

Jahrtausend" an, die der Psychologe Heiko Ernst auf Grundlage dessen formulierte, was Sozialwissenschaftler, Psychologen und Mediziner als sinnvolles Tun für unser Wohlbefinden und unser Lebensglück erkannt haben.

1. „Gelassener werden" und dem Stress mit mehr Seelenruhe begegnen
2. „Zwischenmenschliches Pflegen" und mehr Zeit und Energie für wichtige Menschen reservieren
3. „Einfach mehr Zeit haben" als die Kunst, möglichst oft nichts zu tun
4. „Die Leichtigkeit des Seins" und das spielerische, humorvolle Element des Lebens wiederentdecken
5. „Ganz bei der Sache sein" sowie konzentrierter und aufmerksamer leben – was Hingabe und Flow einschließt

Während diese fünf Glücksdimensionen bereits ausführlich vorgestellt und diskutiert wurden, verdient die letzte Jahrhundert-Vorgabe eine eigene Würdigung: „Das Leben in Balance" führen.

Balancing versteht die Forschung als komplexes Stress- und Selbstmanagement im Sinne einer gesunden Lebensführung. „Arbeit und Muße, Leistung und Erholung stehen in einem engen Bezug zueinander, der in seinem rhythmischen Wechsel (...) auch die Sinnfragen des Lebens berührt", betont der Medizinhistoriker Heinrich Schipperges. Aktion und Kontemplation, Anspannung und Erholung können als ein in sich geschlossenes Wechselspiel gesehen werden, mit dessen Gleichgewicht und Ausgewogenheit wir unsere Vitalität bewahren.

Wir müssen also unseren Lebensrhythmus weniger einseitig auf Daueraktivität ausrichten und stattdessen verstärkt auf einen unser Wohlbefinden fördernden Ausgleich, auf Entspannung und Müßiggang achten. Um ein solches Balancing im Alltag verwirklichen zu können, müssen die beiden Lebensprinzipien Vita activa und Vita contemplativa wieder vereint werden. Aktive und Ruhephasen sollten sich in einem gesunden Lebensrhythmus abwechseln.

Balancing bedeutet auch, in unserer unübersichtlichen, komplexen oder „chaotischen“ Welt eine Ich-Balance zwischen den *äußeren* Entgrenzungen und Möglichkeiten und der zwingenden Notwendigkeit zu finden, sich darin zu behaupten und seine Identität zu wahren. Balancing wird so betrachtet zur „condition humaine des 21. Jahrhunderts“, wie es der Publizist Heiko Ernst formuliert. Um ein glückliches Leben zu führen, müssen wir Balancing gewissermaßen bewusst zur wichtigsten Sache unseres Daseins machen, die nie auf einen Lebensbereich beschränkt werden darf. Vielmehr muss sie sich auf alle Daseinsbereiche und die umfassende Pflege von Leib und Seele beziehen: körperliche Fitness, psychische Belastbarkeit, geistige Beweglichkeit, befriedigende Sozialbeziehungen, positive Arbeitseinstellung, harmonisches Privatleben und Einklang mit der Umwelt – wie es im „Wellness-Barometer“ (auf der folgenden Seite) bildlich dargestellt wird.

Um dieses umfassende körperliche und geistig-seelische Wohlbefinden kultivieren zu können, sollten Sie sich nochmals das wichtigste Ergebnis der Glücksforschung bewusst machen. Geld spielt für das wirkliche Glück und die Lebensfreude keine Rolle, solange die Existenz gesichert ist. Mehr Besitz oder mehr Reichtum bringen also nicht mehr Glück.

Das Gleiche gilt für die Karrieremaxime: Hole so viel aus dir heraus, wie irgendwie möglich. Obwohl es eigentlich alle „wissen“, füllen sich die Kliniken seit vielen Jahren mit immer mehr Burnout-Patienten, Depressiven oder Herzkranken, die ihre persönlichen Ressourcen mit diesem Leben auf der Überholspur erschöpft haben.

Kleines WELLNESS-Barometer©

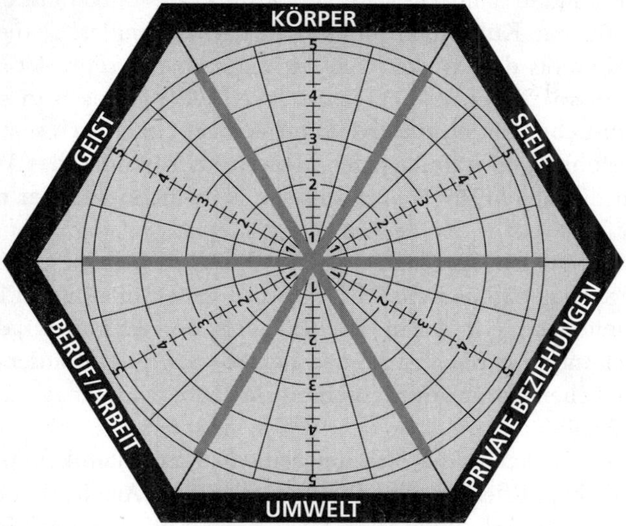

Quelle: Siegfried Malich. e&e, 4/93. Mit freundlicher Genehmigung.

Wellness-Barometer

Wenn die Glücksforschung aufgrund ihrer empirischen Befunde eine verallgemeinerbare Empfehlung aussprechen darf, dann diejenige: Wahre die innere Mitte! Eine Weisheit, die aus allen Kulturen ähnlich überliefert ist und die dem im Kern sichtbaren Muster der Happyologie merkwürdig ähnelt. Ein ausgewogener Rhythmus zwischen Aktivität und Passivität, zwischen Vita activa und Vita contemplativa, zwischen Hingabe und Loslassen, zwischen Stress und Entspannung – das ist das ganze Geheimnis.

Beim Balancing geht es im Denken wie im Handeln letztlich um die komplexeste aller Lebenskompetenzen: Zeit zu erleben, zu gestalten und zu erfüllen – *Rhythmusfähigkeit* zu entwickeln.

„Drum erkenne, welcher Rhythmus den Menschen in seinen Banden hält", lautete eine Weisheit der Antike. Für den Münchner Kulturphilosophen Norbert Schneider ist diese Erkenntnis der Antike noch wichtiger als das sehr viel bekanntere „Erkenne dich selbst", weil jeder Mensch in seinem Leben ein eigenes Rhythmuskonzept hat. Nach seinen Ausführungen kommt jeder Mensch als rhythmisches Wesen mit einem unverwechselbaren Schwingungsmuster auf die Welt.

Im alten Indien bedeutete Rhythmus so viel wie „in Bewegung gehülltes Leben", Rhythmen galten in all ihren Erscheinungen – in der Maske des Spiels, des Vergnügens, der Dichtung, der Musik oder des Tanzes – als Ausdruck der eigentlichen Natur des Menschen. Das Leben schwingt – und *fließt.*

Tatsächlich ist der *Flow* und seine Glücksdynamik im persönlichen Erleben wie im phänomenalen Ausdruck eine fundamental rhythmische Gestalt. Jedes Aufgehen des Menschen in seinem Tun, dem sprichwörtlichen „Einswerden-mit-der-Welt" ist ein Rhythmusphänomen. Flow zu erleben heißt demnach, das Glück zu erfahren, weil man in etwas eintaucht und dabei im Rhythmus der eigenen Lebensmusik aufgeht. *Balancing* kann man daher auch als Rhythmengefüge unserer *Lebensbahn* begreifen – wie der große Individualpsychologe Alfred Adler den Lebensentwurf eines Menschen metaphorisch umschrieb.

„Zu viel Lärm – zu wenig Melodien – keine Rhythmen": damit fand der französische Philosoph Michel Serres wohl eine der treffendsten Beschreibungen für den inneren und äußeren Zustand unserer Zeit. Der Sozialwissenschaftler Karlheinz Geissler und einige seiner Kollegen sprechen von einer fehlenden „Ökologie des Rhythmus" und kritisieren unsere Kultur, weil sie sich darauf spezialisiert habe, „Zeit zu vertreiben". Ein Graffiti in New York kennzeichnet den postmodernen Lifestyle so: *The only function of the nervous system is to keep the body constantly nervous.*

Die noch junge Zeitforschung in Chronobiologie oder -medizin erkennt immer deutlicher, dass wir deswegen unglücklich und unzufrieden leben – und viele gesundheitliche wie gesellschaftliche Probleme entstehen –, weil wir im privaten wie sozialen und öffentlichen Leben vielfach die Rhythmen verloren haben. Der Tag-Nacht-Rhythmus wird in der Arbeitswelt immer mehr aufgelöst, das Lebenstempo ist radikal gestiegen, der Leistungsdruck in Schule und Beruf läuft den zeitlichen Strukturen natürlicher Erholungs- und Entwicklungsprozesse entgegen und so weiter.

Obwohl wir letztlich mit jeder Zelle unseres Organismus rhythmisch schwingende, evolutionäre Wesen sind, leben wir in einem linearen Zeitempfinden, das Rhythmen zunehmend bricht. So lautet die Bilanz, die der Freizeitforscher Horst Opaschowski jüngst in einer repräsentativen Untersuchung über die Lebensverhältnisse der heutigen Jugend zog, dass die Generation @ durch zu viel Zeitdruck und Stress die wichtige Balance im Leben verlieren werde, während nur ein gutes Mittelmaß zwischen zu viel und zu wenig Zeitdruck dem Menschen die ersehnten Glückserlebnisse ermöglicht – inklusive des Flow.

Wenn Balancing so verstanden wird, bedeutet es also: Glücklich werden wir nur, wenn wir mit dem Leben balancierend schwingen und die richtigen Rhythmen finden. Um ein schönes, erfülltes und glückliches Leben zu führen, müssen wir alle Ressourcen der eigenen Existenz entwickeln, hegen und pflegen. Wir müssen die Bedürfnisse des Selbst, unsere Beziehungen und das Arbeitsleben so ausbalancieren, dass kein Bereich die anderen beherrscht. Wer etwa die Karriere so dominieren lässt, dass Stress und Erschöpfung die eigene Gesundheit oder existenzielle Beziehungen ruinieren, handelt nicht nur unklug, sondern macht sich unglücklich, wie die Befunde der Arbeits- und Organisationspsychologie zeigen.

> Csikszentmihalyi kritisierte auf den Kasseler „Millenniumstagen" 1999 den Trend, dass die Globalisierung kurzfristige Perspektiven und überhastetes Handeln fördert, was zu einem „Verschwinden der Zukunft" führen müsse. Dabei versteht er den Flow ausdrücklich als „Gegenentwurf" dazu, da er persönliches Glück und bewusstes Zeiterleben zur Grundlage für allen weiteren gesellschaftlichen Fortschritt macht.

Um das ganze Lebensglück im Blick zu haben, eröffnet einer der wichtigsten Befunde der Emotionsforschung wichtige Perspektiven. Im Alter werden wir tendenziell emotional reifer, gelassener und glücklicher. Wie etwa eine repräsentative Studie des amerikanischen Psychologen Daniel Mroczek aus dem Jahr 1999 zeigt, erleben sich ältere Menschen deutlich lebenszufriedener als jüngere. In der Untersuchung ermittelte der Psychologe von der Fordham University mit fast 3.000 Teilnehmern im Alter zwischen 25 und 74 Jahren, inwieweit Alter, Geschlecht, Status, Ausbildung, Familienstand oder persönliche Aspekte wie Stressverhalten das Wohlbefinden beeinflussen.

Die Unterschiede in den verschiedenen Altersgruppen sind erheblich: So berichten die jüngsten Teilnehmer über die negativsten Emotionen – sie fühlten sich häufig in einem Maße traurig, nervös, hoffnungs- oder gar wertlos, wie es bei den Älteren und Alten nicht vorkommt. Vor allem ältere, verheiratete Menschen erleben die wenigsten negativen Gefühle und sind oft am glücklichsten.

Die Befunde zeigen nicht nur, wie wichtig gesunde Beziehungen für das Lebensglück sind. Sie bestätigen darüber hinaus, dass Lebenserfahrung den Menschen dazu verhilft, emotional reifer, gesünder und gelassener zu reagieren.

Emotional intelligente Lebenskunst heißt demnach zu wissen, welche Handlungen oder äußeren Umstände den Gefühlshaushalt fördern und welche ihn belasten.

Das Geheimnis der besonders glücklichen Senioren, die mit sich und der Welt zufrieden alt werden, weil sie sich auf charakteristische Weise ihre Lebensfreude bewahren, liegt jedenfalls nicht in einer Fortführung des hysterischen Jugend- oder Spaßkults, sondern in wohlverstandener *Vitalität* – so die Ergebnisse der spektakulären New England Study über glückliche 100-Jährige. Die *vital agers* haben nicht nur Freude an körperlicher und geistiger Bewegung, sie begeistern sich an einem schönen, „abgründig heiteren" und ungebrochen bejahenswerten Leben. Neben den Essentials der Glücks- und Gesundheitsforschung – kluges Stressmanagement, gute Beziehungen und gesunde Ernährung – zeichnen sich die *vital agers* vor allem durch folgende charakteristische Eigenschaften aus.

- *Optimismus:* Eine optimistische Lebenseinstellung zu entwickeln, hat nichts mit banalem „positiven Denken" zu tun. Optimisten vertrauen darauf, dass das Leben nicht so schlecht ist, wie es mitunter erscheint – vor allem können sie sich freuen, wenn es gut läuft. Sie schätzen ihre Freundschaften und Beziehungen und sind offen für neue, überraschende Erfahrungen. Weil Optimisten zufriedener mit dem Leben sind, kommen sie auch besser mit Stress und Krankheit zurecht. Psychologisch gesehen behandeln sie sich selbst wie ihren besten Freund.
- *Humor:* Die Forschung ist sich einig. Humorvoll zu handeln, tut uns in allen Lebensphasen gut. Je früher wir Humor entwickeln, desto besser für unser leibseelisches Wohlergehen – und unsere Lebenserwartung.
- *Involviert-Sein:* Bleiben Sie engagiert – suchen Sie sich Arbeit oder wichtige Projekte, die Sie mit Freude und Hin-

gabe zu bewältigen versuchen. Vermeiden Sie es auch, ohne Risiko leben zu wollen – nur so bleiben Sie offen für Neues. Dabei kann Risiko für jeden etwas anderes bedeuten: umziehen, sein Geld anders anlegen oder einfach eine neue Aufgabe übernehmen, gerade weil man es niemals zuvor versucht hat.

- *Selbstvertrauen:* Diese Eigenschaft ist das wichtigste Altersgütesiegel. Auch wenn manches nicht so gut läuft, wissen die glücklichen Alten, dass sie ihr Dasein nach allen Regeln der Lebenskunst bewältigen, da sie ihre Stärken – und Schwächen – kennen und Verantwortung übernehmen. Welche Herausforderungen sich auch stellen: Sie akzeptieren die Grenzen, schöpfen aber die jeweiligen Handlungsmöglichkeiten aus.

Die Alten haben dabei vor allem auch gelernt, unangemessene innere und äußere Kritik zu überhören. Sie sind lebenserfahren genug, dass ihnen die Stimme des inneren Kritikers – der ehemalige Chef oder die Eltern oder andere Vorbilder – nicht mehr sagen kann, wo es langgeht. Stattdessen suchen sie ihr Glück woanders. Sie sind ihr eigenes Idol geworden und vertrauen dem oft weisen Rat ihrer inneren Stimme.

Anhang

Literatur

Allmer, Henning: *Erholung und Gesundheit. Grundlagen, Ergebnisse und Maßnahmen*. Göttingen 1996.

Barth, Ariane: *Ein Hauch, ein Fluß, ein Schweben. Die Erforschung des Glücks*. In: Der Spiegel 53/1992.

Belitz, Charlene/Lundstrom, Meg: *Lebe intuitiver. Der Flow und die Kraft des Zufalls*. München 1999.

Bellebaum, Alfred (Hrsg.): *Glück und Zufriedenheit. Ein Symposion*. Opladen 1992.

Ders.: *Stationen der Glücksforschung*. Opladen 1995.

Bien, Manfred: *Glück, was ist das?* Frankfurt am Main 1999.

Csikszentmihalyi, Mihaly: *Das Flow-Erlebnis*. Stuttgart 1999.

Ders.: *Lebe gut! Wie Sie das Beste aus Ihrem Leben machen*. Stuttgart 1999.

Ders.: *Dem Sinn des Lebens eine Zukunft geben. Eine Psychologie für das 3. Jahrtausend*. Stuttgart 1998.

Ders.: Flow: *Das Geheimnis des Glücks*. Stuttgart 1997.

Ders.: *Die außergewöhnliche Erfahrung im Alltag*. Stuttgart 1996.

Csikszentmihalyi, Mihaly/Jackson, Susan: *Flow im Sport. Der Schlüssel zur optimalen Erfahrung und Leistung*. München 2000.

DeBono, Edward: *Der Denk-Prozeß. Was unser Gehirn leistet, und was es leisten kann*. Hamburg 1975.

Ernst, Heiko: *Wer ist glücklich?* In: Psychologie Heute 3/1997.

Faas, Angelika: *Intuition – zum richtigen Zeitpunkt das Richtige tun*. Freiburg/Basel/Wien 2000.

Fehige, Christoph/Meggle, Georg/Wessels, Ulla (Hrsg.): *Der Sinn des Lebens*. München 2000.

Flury, Erwin: *Freestyle-Sportler wollen die Zeit des Flow maximieren*. In: Sonntagszeitung, 6.8.98.

Goldberg, Philip: *Der zündende Funke. Die Kraft der Intuition.* Düsseldorf 1993.

Hannes, Ralph: *Glück ist keine Glückssache. Ein Lese- und Lernbuch.* Göttingen 2000.

Hug, Florian et al.: *Psychologie und Internet: Wann erlebt man den Flow?* Schrift des Psychologischen Instituts der Universität Bern 1998. Im Internet finden Sie mehr Informationen dazu unter der Adresse: http://visor.unibe.ch/media/summer98/1506b.htm.

Kabat-Zinn, Jon: *Gesund und streßfrei durch Meditation. Das große Buch der Selbstheilung.* München 1992.

Keupp, Heiner et al. (Hrsg.): *Identitätskonstruktionen. Das Patchwork der Identitäten in der Spätmoderne.* Hamburg 1999.

Lebenskunst. Psychologie Heute Compact 4/1999.

Liedloff, Jean: *Auf der Suche nach dem verlorenen Glück.* München 1999.

Lutz, Rainer: *Balance. Wie Lebensfreude psychosomatischen Krankheiten entgegenwirken kann.* Hamburg 1995.

Mack, Bernhard: *Kontakt, Intuition und Kreativität. Vom Umgang mit wachsender Komplexität im Management und Alltagsleben.* Paderborn 1999.

Marcuse, Ludwig: *Philosophie des Glücks. Von Hiob bis Freud.* Zürich 1972.

Mehr, Andreas: *Risikosport – Suche nach Nervenkitzel oder Flow-Erlebnisse?* In: unizürich, Magazin der Universität Zürich 4/1996.

Montaigne, Michel de: Essais. Frankfurt 1999.

Negt, Oskar: *Lernen in einer Welt gesellschaftlicher Umbrüche.* In: Dieckmann, Heinz/Schachtsiek, Bernd (Hrsg.): Lernkonzepte im Wandel. Stuttgart 1998.

Noelle-Neumann, Elisabeth: *AWA Spring Survey.* Institut für Demoskopie. Allensbach 1995.

Dies.: *Leseglück: Eine vergessene Erfahrung.* In: Bellebaum, Alfred (Hrsg.): Stationen der Glücksforschung. Opladen 1995.

Opaschowski, Horst: *Generation @.* Hamburg 1999.

Pichler, Michael: *Flow im Betrieb?* In: Wirtschaft und Weiterbildung, 5/1999, S. 36–38.

Plöhn, Inken: *Flow-Erleben. Eine erlebnispädagogische Anleitung zum Motivationstraining für Jugendliche.* Neuwied 1998.

Rheinberg, Falko: *Motivation.* Stuttgart 1997.

Ders.: *Flow-Erleben, Freude an riskantem Sport und andere „unvernünftige" Motivationen.* In: Kuhl, Julius (Hrsg.): Motivation, Volition und Handlung. Enzyklopädie der Psychologie C/IV/4, Göttingen 1995.

Rosch, Paul: *Müßiggang ist aller Freuden Anfang.* In: Lebenskunst, Psychologie Heute Compact 4/1999.

Russell, Bertrand: *Eroberung des Glücks. Neue Wege zu einer besseren Lebensgestaltung.* Frankfurt am Main 1998.

Saiger, Helmut: *Die Zukunft der Arbeit liegt nicht im Beruf. Neue Beschäftigungs- und Lebensmodelle.* München 1998.

Salzwedel, Johannes: *Wiederkehr der Kinderfragen. Was ist Glück? Wozu sind Menschen da?* In: Der Spiegel 8/2000.

Schmid, Wilhelm: *Philosophie der Lebenskunst. Eine Grundlegung.* Frankfurt am Main 1998.

Ders.: *Heiterkeit. Rehabilitierung eines philosophischen Begriffs.* In: Die Zeit, 7.10.1999.

Ders.: *Das schöne Leben.* In: TAZ, 26./27.8.2000.

Ders.: *Kann ich das Glück wählen? Die verschiedenen Arten des Glücks und die Kunst, dem Leben Sinn zu geben.* Vortrag Evangelische Akademie Tutzing, 28.5.1999.

Schmidbauer, Wolfgang: *Jetzt haben, später zahlen. Die seelischen Folgen der Konsumgesellschaft.* Hamburg 2000.

Schredl, Michael: *Hör auf Deine Träume.* Romberg 1996.

Ders.: *Die nächtliche Traumwelt. Einführung in die psychologische Traumforschung.* Stuttgart 1999.

Schulze, Gerhard: *Kulissen des Glücks. Streifzüge durch die Eventkultur.* Frankfurt/Main und New York 1999.

Seel, Martin: *Versuch über die Form des Glücks.* Frankfurt 1999.

Seifert, Angela: *Jetzt pack ich's an. Wie Sie Ihr verborgenes Lebens-Skript entdecken, umschreiben und endlich glücklich werden.* Stuttgart 1999.

Seiwert, Lothar: *Wenn du es eilig hast, gehe langsam. Das neue Zeitmanagement in einer beschleunigten Welt.* Frankfurt am Main/New York 1998.

Seneca: *Vom glückseligen Leben.* Stuttgart 1986.

Titze, Michael: *Therapeutischer Humor. Grundlagen und Anwendungen.* Frankfurt 1998.

Wagner-Link, Angelika: *Der Stress. Stressoren erkennen – Belas-tungen vermeiden – Stress bewältigen.* Broschüre der Techniker Krankenkasse 1994.

Dies.: *Aktive Entspannung und Stressbewältigung.* Ehningen 1992.

Adressen/Seminare/Links

Über Flow kann man sich im Internet informieren:
www.napanet.net/~mcole/curious/flow1.htm

Flow- und Glücksforscher Mihaly Csikszentmihalyi können Sie online erreichen. Website: *http://www.ccp.uchicago.edu/faculty/Mihaly-Csikszentmihalyi/*

Informationen über die Humorforschung und therapeutischen Humor gibt es unter folgenden Adressen:

Clinic-Clowns-Zentrale
c/o Kulturreferat der Universitätskliniken Münster
Albert-Schweitzer-Straße 33
D-48149 Münster

Deutsches Institut für Provokative Therapie (DIP)
Bastian-Schmid-Platz 11 a
81477 München

HumorCare – Gesellschaft zur Förderung von Humor in Therapie, Pflege und Beratung
Postfach 49 60
CH-8022 Zürich

Humor-Werkstatt
Haus Gutenberg
FL-9496 Balzers

Internationaler Kongress „Humor in der Therapie“
Kongresszentrum Messe Basel
Messeplatz 21
CH-4021 Basel

Lachclub-Zentrale
Wandersmannstraße 39
D-65205 Wiesbaden

Im Internet findet sich unter *http://www.humor.ch* ein hervorragender Überblick mit vielen Links über die deutschsprachige und internationale Humorforschung, ihrem Spezialgebiet, der Gelotologie, sowie den verschiedenen Praxisfeldern der Humorberater.

Stichwortverzeichnis